U0651259

我 终究 是爱你 的

张小娴　著

湖南文艺出版社
HUNAN LITERATURE AND ART PUBLISHING HOUSE

博集天卷
CS-BOOKY

| 序 | Preface

　　这部小说是二〇〇七年写的，是我头一次尝试把爱情小说和侦探小说结合起来。现在回头再读，爱情的成分还是占多一些。小说没有离奇的谋杀案，也没有大侦探寻凶，我想写的，是一个忧郁的私家侦探和一个孤苦无依的女孩相遇的故事。

　　她利用一笔意外之财，通过私家侦探社雇他跟踪自己，只因为他长得很像一个人。多年以后，千金散尽，她再没有钱给侦探社了。她以为她会失去他，但他始终跟在她身后。对于这份形影相吊的感情，他们都不知不觉上瘾了。

　　跟踪常常是我许多小说的主题和情节。我在《Channel A》写过，在《月夜宝石》也写过。童年的时候，我常常跟踪我母亲，想知道她到哪里去。她从来就没有发现过我敏捷的小身影。我也一直想跟踪我爱着的男人，看看只有他独自一人的时候，他都做些什么。可我从来没有这么做过，我害怕被发现。

　　拥有太多秘密的人是孤独的。拥有太多过去，没法放下的人也是孤独的。没有爱的人是孤独的。我们都有不同程度的孤独。喜欢喝酒的人也有两种：喜欢喝的和孤独的。

　　小说的主角路喜喜爱喝桃子味伏特加，对她，那是孤单的慰藉，是逃避，也是救赎。为了写这本书，我喝了不少桃子味伏特加。我没想到，读了小说的一些读者，也纷纷去找这种酒来喝。伏特加太烈了，也许并没有小说写的那么好喝。它好像会好喝，是因为它的名字，它的颜色和它四十度的酒精。喝伏特加，无非是为了醉，为了遗忘，为了品味人生的苦涩。

　　这部小说，是对孤独的追寻。有些读者没看明白结局，想我解释一下，也有些读者，看完结局，觉得喜喜太可怜，哭了。她们问我："她和林克为什么不能一起？"

结局已经写得很明白了，此时此刻，他们没有不在一起。然而，明天的故事，我不知道。

　　我不习惯去解释我写的书，你看到什么，它就是什么。同一本书，不同的人会读出不同的意思。人生不同的阶段，读同一本书，也会读出不同的意思。一旦要解释，便会失去读一本书的趣味，就像喝酒，要是害怕喝醉，也就不能尽情。

張小娴

她看到他，

就好像看到了另一个人，

旧时的关爱与幸福又重回心头。

目 录
CONTENTS

她的目光穿过百叶窗帘一层一层好像断层似的缝隙重组了一个模糊的身影。那个叫林克的男人似乎是穿一件深色的夹克在外面有点无聊地踱着。是否她看到他，他却看不到她？

眼前的场景，为什么好像似曾相识？

她看到他，就好像看到了另一个人，旧时的关爱与幸福又重回心头。

多年以后，当她想起那些被她涂花过的书，她始终回味着那份幸福的占领。也许，她当时还不曾明白，她想在她走过的地方留下痕迹，就像小黄狗在街灯下撒一泡尿，留下自己的味道。

她想起她从来就没有摸过林克的头发。要是可以，她想摸摸他颈背上那短短的，像胎儿毛似的发脚。有时候，她从房间的窗帘缝看下去，他刚好背对着她，低垂着头跟教堂那条黄狗说着话，或是逗它玩，她看到的就是这个地方，软绵绵的，看上去好可爱。假使能够用手摸摸的话，她会觉得很幸福。

PART 1

/ 山 穷 水 尽 /

ONE___01

　　她凝立在歌剧院走廊那块告示板前方，垮着两个细瘦的肩膀，一动不动，就仿佛她已经这样站着很久了。

　　那张长长的名单上没有她的名字。

　　一如所料，她落选了。

　　她咬着嘴唇，跟自己说：

　　"不过就是一出歌舞剧罢了。"

　　啊，不过是一出她很想演的歌舞剧罢了。里面有个小角色——剧中那个恶魔的花园里众多吃人花的其中一朵。

　　也许，要是一年前，她并不那么渴望演这种布景板般的小角色。可

她已经很久没工作了。有三个月吧？还是已经四个月了？她记不起来这段漫长的日子总共有多少回，就像今天这样，她又落选了。

今天一大早来到这个歌剧院的舞台上，她战战兢兢地试着跳一段舞。由于她没见过吃人花，她张牙舞爪地，尽量跳出一副吃人不吐骨的可怕模样。然而，舞跳到一半的时候，她瞥见坐在台下负责选角的副导演突然朝她张大嘴巴。

她以为他想喊停。原来，他是在打哈欠。

那一刻，她明白自己没机会了。

可她还是抱着一丝希望回来。

她脚下像生了根似的，依旧杵在告示板的前方，固执地望着那张无情的名单，仿佛只要再这样多看几回，也许会有奇迹出现。她会突然发现自己的名字原来一直在上面，她刚刚不知道为什么没看见。

但是，今天不会有奇迹了。

很久以后，她终于动了一下，跨出一步，然后又一步，恋恋不舍地离开那块告示板。

这时，一阵风吹起，那份名单的一角卷起了，露出底下第二页。她没看见。

直到许多年后，她才知道她的名字在上面。

她推开歌剧院的玻璃大门时，一阵冷风灌进来，她赶紧把头上那顶毛线帽拉低了些，打开手上的雨伞，孤零零地走在霏霏雨雾中。

她个儿娇小，右手白皙的手腕上戴着一只绿橄榄石串成的手镯。毛线帽下一双黑亮的圆眼睛露出做梦般的神情。这双眼睛好像一直都看着远方不知名的某一点。

她脸色有点苍白，发丝纷乱地贴着脸庞，那顶毛线帽的帽缘有个破洞。

她身上裹着一条单薄的羊毛裙子，裙脚的地方已经走了线，脚上那双深红色的尖头麂皮短靴已然磨破，肩上挂着的那个大如邮袋的包包也很破旧了。

二十四岁的她正值青春年华，这个年纪的女孩子都爱美，她看上去却有点邋遢。但她的邋遢并不使人讨厌，而是像一只披着雪白羽毛的小鸟不小心掉到一洼污水里似的，使她那张清纯的脸蛋益发显出一份飘零无依的感觉。

TWO__ **02**

她像朵枯萎的郁金香那样低垂着头，在宾馆的楼梯上踱着。又脏又旧的楼梯两旁丢了些垃圾，转角处一个香炉里插着几支正在燃烧的香枝，灰烬如飞絮般掉落在她那双红色短靴的鞋尖上。她没理会。她爬上二楼，推开宾馆那扇黏腻腻的泛着油光的玻璃门进去。

昏黄的走廊上弥漫着一股汗酸味，几个非洲男人蹲在那儿，朝她露出白晃晃的牙齿。她没看见。

她从他们身边经过，掏出一把钥匙，朝最后一个房间走去。当她走近了些，她看到她那只小小的行李箱孤零零地给丢在门外。

她连忙走上去，蹲在地上打开行李箱，翻开里面塞得满满的东西看。她一直翻到底，没有她要找的东西。这时，一把声音在她背后冒出来。

那把粗哑的女声说：

"我早跟你说过，今天再不交租就得给我滚！"

她转过去抬起头，望着中年女房东那张蜡黄的大脸胚。

她张开嘴想说话，唇上长着胡子的女房东抢白说：

"你别再摆出一副可怜相！"

她站起来，焦急地说：

"我还有一样东西在里面！"

她说着抓住房间的门把，想用她那把钥匙开门。孔武有力的女房东这时从她手上抢走那把钥匙，瞪着她说：

"你的东西全在这儿了！"

"不！求求你，让我进去看看！"她一只手紧紧抓住门把不放。

女房东瞅了她一眼，撇撇嘴，用钥匙打开门，粗鲁地说：

"我可没看见你有什么值钱的东西！"

门一开，她立刻冲进去关上门，房间里面黑漆漆的，她亮起天花板上一盏昏黄的灯。

　　门后面原本用来挂毛巾的钩子那儿挂着一幅长四十三厘米、宽三十厘米的仿制油画，是凡·高著名的《星夜》。

　　"这是我的。"她低声说。

THREE___ **03**

雨停了，她手臂下面夹着那幅《星夜》，拖着那只粉红色迷彩行李箱，越过马路，穿过一条长街，几步之遥那家星巴克咖啡店的灯光看起来多么温暖。

她推开门走进去，一阵咖啡的暖香扑鼻而来，里面的座位都给人占住了。她径直走到报纸架那儿，拿起一份日报，翻到占星栏那一版，就站在那儿读起来。

月亮今天进入第二宫，

你会一下子情绪化起来，

别让多愁善感牵着你的鼻子走，

你究竟追求什么，

凡事总向坏的方向想是双鱼座的通病。

这时，她无意中看到占星栏隔壁那一版有一则广告。

她读了那则广告，悄悄把它撕下来藏在身上那条羊毛裙子的口袋里。

然后，她把报纸放回去。

经过收款柜台旁边那个亮晶晶的糕饼柜时，她咽了咽口水，拖拉着脚步。

她掏出一张十元钞票在面包店里买了两个甜面包，把找回来的七元五角谨慎地放回她那个印满罂粟花图案的褪色尼龙荷包里。然后，她坐到附近公园的长椅上开始吃面包。

她嘴里塞满面包，从身上裙子的口袋里摸出刚才撕下来的一角报纸。

她拨开了前额遮住眼睛的几绺发丝，又读了一遍那个广告。

高级酒吧诚聘钢管舞娘，

样貌端正，

无须经验，

可提供训练，

工作自由，

薪水优渥。

她很久以前读过一本星座书，书上说，多愁善感又悲观的双鱼座女孩是绝佳的应召女郎和出色的脱衣舞娘。

早点相信的话，她便不用绕一个大圈子了。这条路不是比较好走吗？干吗要梦想当舞蹈员？自从一年前她工作的那个小舞团解散之后，她就没接过什么好角色。机会都轮不到她，也许，她根本就不是跳舞的材料。

但是，钢管舞谁不会跳呢？

她如今已经山穷水尽。荷包里那七元五角就是她仅有的了。谁会骂她没有洁身自爱？

要是哥哥有一天回来，认出那个浓妆艳抹、在霓虹灯闪耀的长吧台上抱着一根钢管卖弄风情的女孩是她，哥哥只会匆匆把自己身上的大衣脱下来替她披上。

"哥哥，我好羞愧啊！你可以原谅我吗？"

"别傻了，你没做错事！"

"哥哥，我好累，我真的累了。"

哥哥会救她离开那个鬼地方。他们两个人又生活在一起。

她又变回干净和纯洁。

在她的想象里，哥哥总是会原谅她的错。

太扯了！她到底在胡思乱想什么啊？

她咽下最后一口面包，用手指抹了抹嘴唇上的碎屑，咬咬牙，把那个广告折小，塞进去罂粟花荷包里。

然后，她从长椅上站起来，拖着行李朝公园外面的巴士站走去。

FOUR__**04**

下了巴士之后，她在路边站了一会儿。黄昏星亮起，她困倦地走过三个街口，越过一条小马路。

经过一间教堂时，一个女人发给她一张绿色的传单。她瞄了一眼上面的两行大字。

耶和华是我的牧者，

我必不至缺乏。

她把传单随手塞进身上的包包，抄快捷方式穿过一条小巷，来到一幢挂满霓虹招牌的大厦。

大厦外面竖着一个长方形的光管招牌，上面写着：心心撞球室。

她吃力地拖着行李箱走下那条通往地窖的窄楼梯。两个男人走上来，她侧身让他们经过。

走到地窖，她推开撞球室的玻璃门进去。

大部分的球桌都给人占住了，她从两张球桌之间经过，瞥见左边一个男人一杆把红球打入洞。

她朝柜台那边走去。柜台里那个正在忙着的女孩子看到她，说："你头发长了很多啊！"

"嘿，小玫！"她疲倦地打了个招呼。

女孩的手腕上有个玫瑰花的刺青，大家都叫她小玫，两个人的年纪差不多。

她径自拖着行李箱走进柜台里，把东西搁到一边，然后很熟练地抓起一只纸杯从水机里倒水喝，咕咚咕咚地一连喝了三杯。

小玫长得黑黑瘦瘦，身材像男孩。

"你旅行回来啊？"小玫问。

"呃？不。我今天晚上可以在这里睡吗？"她陷进柜台一角那张绿色绒面的椅子里，"我跟我哥吵架了！他呀，老是爱管我几点回家！所以我索性不回去了！"

她疲惫不堪，趴在柜台上，脸埋进手臂里睡觉。

"有个男人打电话来找过你好多次。我说你已经没有在这里上班了。他问我去哪里可以找到你，我就说我不知道。我是真的不知道啊！你那时不是说要去当舞蹈员吗？"

"对呀！我四处演出，好忙啊！"她头没抬起来，懒懒地问，"他有没有说他是谁？"

"他说是律师行的人，又问我有没有你的电话号码。我就把我以前男友的号码给了他，那个浑蛋一直背着我乱搞！"

她趴在柜台上笑了起来。

小玫拉开柜台边一个放满杂物的抽屉，找了很久，终于找到一张皱巴巴的便条纸。

"他留了电话号码给你，要你一定找他。你认识律师的吗？"

她好困，头挨在一条手臂上不思不想，没去理会那张纸。

过了很久，由于好奇心的驱使，她终于抬起脸，一只手支着头，看了一眼那张便条纸，上面写着一个陌生的名字和一个电话号码。

"现在几点啦？"她问小玫。

小玫看看表："八点啦。"

"律师行这时候下班了吗？"

"我又没当过律师！"

她揉揉眼睛，伸长手臂把柜台边的那台电话机拉过来，拎起话筒，按下了那个号码。

电话接通了，那一头传来一个男人的声音。

"我想找戴德礼律师。"

"我是。你是哪一位？"

"我是路喜喜，是你找过我吗？"

"路喜喜？你等一等——"

电话那边传来窸窸窣窣好像翻文件的声音。

她握着电话筒，张大嘴巴打了个哈欠。

"你是路喜喜小姐本人吗？"对方又说。

"我是噢。你找我有什么事？"

"是关于乙明芳女士的。你看看明天可不可以找个时间过来律师行一趟？"对方回答。

我终究是爱你的

她很久以前读过一本星座书，书上说，多愁善感又悲观
的双鱼座女孩是绝佳的应召女郎和出色的脱衣舞娘。

"那个人怎么了？"她无意识地把玩着手腕上那条晶莹的绿橄榄石手镯。

"她死了。"

她的嘴唇动了动，皱缩着，随后，她的嘴角又向两边延伸，有那么短短的片刻，她让人以为她想笑，那却不是笑，而是发不出任何声音，也找不到一个可以说的字。

FIVE__ 05

天空飘着毛毛细雨，些许雨点溅到她那双红色短靴上，她带着行李，瑟缩在巴士站里，依旧穿着昨天那身单薄的衣裙。

巴士的班次似乎不多。她跟戴德礼律师约好了上午十一点半。

巴士，快来吧！

车子一辆接一辆驶过。她茫然地想起那张不快乐的脸。那个人已经死了吗？是怎么死的？是自杀吗？那个人似乎一直都活得不顺心。她死的时候，是孤零零一个人吗？

喜喜想起她第一眼看到那张脸的时候，不是这样的，那是一张满怀着希望的圆脸。

她六岁那年，有一天，姑娘把她领进去院长的办公室里，那张充满希望的脸孔一看到她，就露出很想讨她欢心的灿烂笑容。站在她旁边的那个男人，脸上好像没有任何表情。

院长跟她说，这两位是秦先生和秦太太。

秦太太蹲下来，抚摸她的脸，带着微笑说：

"噢！喜喜！你看起来好小啊！"

一辆巴士驶进车站，车门嘎嘎响地打开，喜喜拖着行李上车。车上只有几个人，她坐到后座去，把肩上的包包和行李箱放在旁边。

车子缓缓往前走，她扯下头上的毛线帽，把雨滴甩到地上，然后又戴回去。帽缘下那双黑眼睛无神地望着车窗上的雨花。

九月初的一个清晨，那个人和她丈夫来孤儿院把她领回家。她舍不得哥哥，哭闹着不肯上出租车，他们抱她起来塞进车厢里。

车子走了很远的路，停在一幢旧唐楼外面。

她早已经哭累了，那个人抱着她下车。她伏在那个人柔软的肩膀上，睁开困倦的眼睛瞧了一眼那幢房子，看见二楼的一个小阳台上爬满了漂亮的紫色藤蔓。

"这是我们的家！"那个人指给她看。

她的新家是一间有两个房间的小公寓，长长的屋子，有一排塞满了书的书柜。黄色的拼花地砖很旧了，绿色的玻璃窗十分阴郁。

为她预备的那个房间的床上放满了新裙子和玩具。

那个人拉着她的手说：

"喜喜，你以后就住在这里好吗？"

她泪汪汪地问：

"秦太太，你可不可以也收养我哥哥？"

"要是你乖，我迟些把他接来跟你一起。你以后叫我妈妈，好不好？"

"妈妈。"

那个人好像没法生孩子，所以只好领养。她丈夫在外面有女人，很少回家。一回家，两个人就吵架。一吵架，那个男人就会生气地说：

"阿乙，你这分明是不想我回家！"

他真的干脆不回来了。

从此以后，那个人不再去照顾她那些藤蔓了，任由它们在阳台上到处攀爬。

每一次，当喜喜跟她提起收养哥哥的事，她总好像没听到。终于有一次，她歇斯底里地吼：

"我不会收养你哥哥！我讨厌男孩子！我不会再收养，孩子没啥用处！"

喜喜没有再提了。

上课的时候，她总是做着白日梦。

在家里，她虽然试着要感激和可怜那个人，却不知道为什么，她就像是报复一样，常常千方百计把那个人气疯。

那个人怨恨地对她说：

"那天我在孤儿院第一眼看到你时，你看起来是那么楚楚可怜，好像要是我不要你，你就完了。可你看你现在，即使只剩下最后一口气，你也是会跟我对着干的。你把我给骗了！"

到底是谁骗了谁啊？

那个人却常常跟朋友抱怨：

"她呀是个没良心的！早知道我就不要她！钱呀我自己花，用不着为别人养孩子！"

那一年，她十四岁，十一月的一天，她放学回家，发现自己的东西全都收拾好放在门边。那个人脸朝大门，坐在客厅的一把椅子里，好像一直等着她回来。

"我已经办好手续了，孤儿院的人很快会来接你回去。我放弃啦！我管不了你。"那个人冷冷地说。

她哭花了一张脸，苦苦哀求那个人让她留下来。

那个人久久地望着她，不动心地说：

"我不会再相信你！不管我怎么爱你，你也是不会爱我的！你滚吧！滚回去吧！我决定了的事情，是不会改变的。"

突然之间，一阵轻轻的电铃声响起，是她们家的电铃声。她眼睛里顿时浸满了泪水，禁不住回头望了一眼那扇紧闭的大门。

那个人坐在椅子里，幽幽地对她说：

她缓缓抬起目光，瞧了一眼上面那些积尘的棕色窗户，这时她想起那年那天映入她眼帘的，缠绕着阳台的紫色藤蔓。

"去开门吧，你自由了！这就是你想要的。"

走了那么多的路，她又回去了。

可是，哥哥已经不在孤儿院里了。

巴士到站，她下了车，拖着行李穿过一个街口，转到下一条路，找到戴德礼律师行所在的那幢小型商厦。

她缓缓抬起目光，瞧了一眼上面那些积尘的棕色窗户，这时她想起那年那天映入她眼帘的，缠绕着阳台的紫色藤蔓。

离开之后，她再没有回去过了。

six__06

戴德礼律师行在七楼。喜喜出了电梯，转向左边，在走廊尽头找到那扇门，门上挂着招牌。

她推门进去，一位胖小姐从接待处里冒出来，问她要找哪一位。

她报上名字，说：

"我跟戴德礼律师约好了。"

那位胖小姐打了一通内线电话给律师的秘书。不一会儿，穿黑色洋装、盘着发髻的女秘书朝她走来，她看上去有二十七八岁，还是三十岁？

"路小姐，请跟我来。"

她拖着行李跟在她后面，走道上堆满了文件，她不小心弄掉了其中一些。她想俯身拾起来，女秘书朝后瞥了她一眼，说：

"噢，没关系，由得它吧！"

面积不大的办公室里有几个职员，每个人面前的文件都叠得高高的，没有一个人有闲抬起头来看她。

她们来到一个房间外面，女秘书敲了敲那个深色的木门，打开门让她进去，顺手把门关上。

一个坐在办公桌前的男人站起来迎接她。他差不多有四十岁，还是只有三十五？他有点让人看不出年纪。

"路小姐，我们找你很久了。"

他伸出手，一只黝黑的软绵绵的小手。他戴着厚眼镜，个头很小，像个老小孩，轻盈得让人不可思议。

"请坐……你的东西……随便放就好了。"

这个房间比外面整洁，书柜从上到下占满了其中一面墙，大部分的书都是硬皮法律书。室内只有一张长条办公桌、两把椅子和一张短沙发。朝街的那扇窗户落下了窗帘。原本可以看到外面办公室的那个长方形大玻璃，也用百叶窗帘遮着。

"我们一直在报纸上登广告找你，你没看到吗？"

喜喜觉得很尴尬，她看报纸都只看占星栏。她最近唯一留意到的就是昨天那个钢管舞女郎的广告。

戴德礼穿一身深灰色的西装，喜喜禁不住在心里想：

"这会不会是童装啊？"

他真的很矮小呀。然而，那副无框厚眼镜后面流露出来的，却是精明，而且生气勃勃。他看起来像一个有很多计谋的聪明小精灵。

小精灵突然把身子朝她探过来，说道：

"路小姐，可以麻烦你给我看看你的身份证吗？手续上要确认一下。"

喜喜从荷包里掏出身份证给他。戴德礼迅速瞄了一眼上面的数据，打开门，朝坐在门外的女秘书说：

"茱迪，请你拿去拷贝一份。"

他转回来，带上门，动作利落地坐回办公桌后面那张高背椅子里。

"我们可以开始了。"

那张椅子对他来说有点太高大了，不过，他看起来自信又自在。他从桌上拿起一个档案夹打开来，里面附着好几十页纸的资料。

"乙明芳女士在十个月前过世了。"

她咬咬嘴唇，等着对方说下去。

"据我们所知，乙女士一度是你的养母。"

"一度……是的……"她心里想，"直到她把我送回去。"

"她后来放弃对你的抚养权，所以，你又改回原本的名字。自从回到儿童之家以后，你们双方再没有联络。"

她微红着脸点头，偷瞄了一眼小精灵手上的那个档案，心里想：
"那上面是我的过去！路喜喜……秦喜喜……然后又变回路喜喜。儿童
之家……那个人的家……然后又回到儿童之家。"

也许那个档案里面还写下了她十八岁离开儿童之家后的生活，譬如
这些：

她是一个三流舞蹈员，居无定所，靠着微薄的收入过活。

她爱过几个人，也被几个人爱过。金牛座那个，借了她的钱，一直
没还。双子座那个太花心，她想用眼泪淹死他，没成功。山羊座那个长
得最帅，对她最好，但她不爱他。水瓶座那个，她以为会长相厮守，但
他们几乎一见面就吵架。

那个属于她的档案上面还写着什么？

有没有说她总是很容易爱上别人，却又很容易失望？有没有提到她
还有一个哥哥？她跟金牛座、双子座、山羊座，还有水瓶座和狮子座都
合不来，唯有天蝎座的哥哥跟她最好。

那个档案是不是已经记录了她二十四年的故事？那些用破碎的梦想
与破碎的承诺组成的故事。

"根据我们所知，乙明芳女士并没有任何亲人，她生前在我们
律师行立下的遗嘱，指定你作为她遗嘱的执行人和全部遗产的唯一继
承人。"

喜喜脸上浮起了愕然的神情。

"这份遗嘱是什么时候立的？"她咕哝着问道。

戴德礼回答说：

"是在乙女士死前一年立下的。"

她不知道说什么好。

那个人明明狠心把她送走，又为什么要把遗产留给她？

"乙女士的遗产全部是现金。"戴德礼瞥了她一眼，接着说下去。"约数是九百七十万港币。"

喜喜望着戴德礼，脸上的表情先是惊愕，然后又变成慌乱。她没想过是这么大的一笔钱。

"路小姐，你有没有问题想要问我？"戴德礼继续说。

"为什么？我跟她已经十年没见了。"她的口气有点激动，不是因为意外之财而高兴，相反，她觉得自己根本没资格。

戴德礼脸上露出微妙的表情，仿佛想要表明他见过许多像她这样受宠若惊的遗产继承人。

"律师行只是负责执行当事人的意愿。当事人决定怎样分配遗产，我们是不会过问的。"

她抿着嘴唇，说不出半句话。

那个曾经是她养母的人，是因为内疚才把所有遗产留给她的吧？

"路小姐，你还有没有其他问题想知道？"

"她是怎么死的？"她低声问道。

"是胰腺癌。"

"她死的时候，有人在她身边吗？"

　　"这个我们不太清楚。不过，乙女士的死讯是她的一位教友通知我们的。"戴德礼轻轻说道。

　　他看了她一眼，又说：

　　"路小姐，办领遗产的手续可能需要一些时间，你看，要不要我们先行垫支一些钱给你，你说不定会用得着。这笔钱，等你领到遗产之后再还给我们也不迟。"

　　她脸红了。小精灵戴德礼是什么时候看出她的拮据模样的？是她一进来的时候，还是在她从几乎空空如也的荷包里掏出身份证来的时候？但是，她却浑然不觉他曾经那么仔细地打量过她。

　　她想要不太由衷地摇摇头，她想要微笑拒绝，说她暂时不需要。但她偏偏很想有一张温暖的床，让她躺在上面好好睡一觉。

　　"没问题的。我们一般都会这样做。"他诚心诚意说道。

　　她窘困地点了点头，微笑以示谢意。

　　他敏捷地离开椅子，打开门出去跟女秘书低声说了几句话。不一会儿，他拿着一个信封回来。

　　"这里有八千块钱，路小姐，你看看够不够用。"

　　"够了。"她又红了脸。

　　他把她的身份证还给她，然后坐回椅子里，将一份厚厚的文件放到她面前。

　　"这是办理遗产确认书的文件，路小姐，请你在有注号的地方签名，不清楚的话可以问我。"

喜喜抬起她空空的右手，戴德礼适时递给她一支笔。

她低下头，默默地在每一页签上她的名字，根本无心去看那些文件上面写什么。

她终于全部签好了，也在律师行垫支八千块钱的那张收据上签了名。

她放下笔，对方仔细地检查一遍她所有的签名。确定无误之后，他说：

"行了！"

她松了一口气，站起来，把包包挂在肩上，抓起她放在一边的行李箱朝门口走去。走了两步，她停下来，回过头去，有点尴尬地问道：

"请问……她葬在哪儿？"

戴德礼看了看她，应了一声，随手在桌子上拿起一张空白的便条纸写下一行字。

喜喜走过去，戴德礼隔着办公桌交给她那张便条纸。

她站着看了一眼上面写什么。

就在这时，桌上的内线通话器传来女秘书茱迪的声音。

"戴律师，林克来了。"

戴德礼偏着头，目光越过喜喜的身侧瞥了一眼那个被百叶窗帘遮挂着的大玻璃。

"你让他等一等。"他对着通话器说。

喜喜顺着他的目光，好奇地转过头去看向大玻璃那边。这时，她隔着百叶窗帘的缝隙看到一张脸，一张年轻的男人的脸。

那张脸的主人也在看她……可是不对，他不是看她，而是无意识地看进房间里来，而且跟她一样，眼里带着些许好奇。

她的目光穿过百叶窗帘一层一层好像断层似的缝隙重组了一个模糊的身影。那个叫林克的男人似乎是穿一件深色的夹克在外面有点无聊地踱着。是否她看到他，他却看不到她？

眼前的场景，为什么好像似曾相识？

她看到他，就好像看到了另一个人，旧时的关爱与幸福又重回心头。

"路小姐，有消息我们会通知你。"

戴德礼不知什么时候已经从办公桌后面走了出来，朝她伸出一只手。

她失神地回过头来握了握那只软绵绵的黝黑小手。

对方打开门让她出去。她拖着行李走出去，却不见了那个叫林克的人。

她失望地穿过那条狭窄的走道离开。走到尽头时，她恋恋不舍地转过头来想再看一眼。那些叠满高高的文件的办公桌之间，这时突然冒出一个身影来。

是他！

小精灵把他叫进去，他缓缓将一把椅子推开来站起身。

当他跟小精灵站在一块儿的时候，看起来简直就像一位仪表堂堂的

走到尽头时，她恋恋不舍地转过头来想再看一眼。那些叠满高高的文件的办公桌之间，这时突然冒出一个身影来。

国王。

那扇门随后关上了。

他的确是穿着深蓝色的夹克，手里拿着一个文件袋。

他也是天蝎座的吗？

他身上有她久违了的那种感觉。

她的哥哥，也是这个年纪。

但她已经许多年没见过哥哥了。

SEVEN__ **07**

从律师行出来，她在几条街以外找到一家廉价的小旅馆。她走进去，租了一个房间，在登记卡上填上路喜喜的名字。

她在柜台边的报纸架上拿起一份报纸，读她的占星栏。

双鱼座，你需要休息，

否则，孤寂的感觉会如影随形。

你对自己和人生的意义充满怀疑。

但是，有谁没有过这种怀疑呢？

她把报纸放回去，取了钥匙。

等电梯的时候，她用手掩住嘴巴打了个哈欠。

出了电梯，她找到一〇三号房，用钥匙开了门。

房间很小，一张单人床摆在中间，墙上贴着俗气的间条图案壁纸。

她丢下身上的包包和行李，脱下毛线帽，匆匆扒去身上的衣服，一丝不挂地走进浴室，扭开莲蓬头，哗啦啦地把自己从头到脚洗干净。

从浴室里出来的时候，她身上裹着一条毛巾，甩了甩那头柔软的黑发。

她现在看起来只有二十岁。

她蹲下来，打开行李箱，挖出她那幅《星夜》。然后，她拿了一张椅子站到上面，把原本挂在墙上的那张风景画丢到一边，换上《星夜》。

她从椅子上跳下来，坐到床边，掀开被子，脸枕在一个枕头上，缩成一个小粉团似的。

她望着墙上的《星夜》，眨了眨困倦的眼睛，没多久就睡着了。

她一直睡到隔天早上。

醒来之后，她洗了个澡，穿好衣服，套上短靴和毛线帽，用床单边缘擦擦靴子上的灰尘，喝了一大杯水，拎着一个包包，锁好门出去。

出了旅馆，她走到便利店，在柜台那儿买了一张储值的流动电话卡，塞进她那部手机，顺便买了一份报纸。

她边走出来边打开报纸看占星栏，看完之后把整份报纸丢掉。她想起她昨天忘了问戴德礼那个寻她的广告上面写什么。

那些广告都是怎么写的？

她在一家快餐店吃了一份汉堡，离开快餐店，走过一个街口，在一个花档挑了几枝郁金香，抱着花，搭上一辆巴士。

到了墓园，她找到养母那块小小的白色大理石墓碑。墓碑上，黑白照片里的女人笑盈盈的，拍照的时候，一定没想过这张照片有一天会这么用。

她用衣袖擦拭照片上的尘埃，把花放下，坐在墓前，从包包里掏出一本《生命中不能承受之轻》，开始读起来。

八岁的时候，她就用一只手牵着另一只手入睡，她想象自己握着的手，属于她心爱的男人，属于她托付终身的男人。

她一直看书看到日落。

她收好书，站起身，在一行墓碑之间穿过，走出墓园。

她在旅馆附近一家小酒吧点了一杯桃子味的伏特加。

坐在对面的一个年轻小伙子靠过来跟她搭讪。

"对不起。"他说。

她没有反应。

他瞄了她一眼，说：

"你不会喝醉吧？这酒很烈。"

"所以我每天只喝一杯。"

她把酒一口喝光，丢下那个一脸尴尬的小伙子。

她回到旅馆房间，缩在床上，哭了。

半夜里，霓虹灯光照进来，两个醉汉在街上大声说话。半睡半醒之间，她用一只手牵着自己另一只手。戴着绿橄榄石手镯的那一只，后来垂在床边，直到天亮。

第二天，她下午才离开旅馆，到地铁站的补鞋店去替她那双红色短靴换新的鞋底和鞋跟，这双靴子的鞋底已经换过好几次了。

穿着长袜坐在柜台的高脚圆凳上等候的时候，她打开报纸读占星栏。

双鱼容易沉醉于悲伤的情绪，

这对你没有什么好处，

振作起精神吧！

购物会对你有帮助。

她穿回短靴，一边走出地铁站一边讲手机：

"碧碧，我是喜喜，以后有选角打这个电话号码就好了。"她报上电话，"最近忙不忙？真的吗？我还好啦，只是家里有点事，没什么耶！"

　　她挂上电话，在街上逛了一圈，跟一个在楼梯底摆摊子的老婆婆买了一顶手织的白色羊毛帽。羊毛帽上面织着两只竖起来的圆耳朵，像熊耳朵。

　　她随手丢掉旧的那顶毛线帽。走路的时候，帽子上那两只圆耳朵在她头顶乱颤。

　　她往东走，经过一列橱窗之后又退回去，进入其中一家时装店。

　　她挑了几件简单的衣服到试衣间试穿。

　　她瞧着镜子里的身影，那顶古怪的帽子让她禁不住发笑，她也发现自己有一双很黑很亮的眼珠，仿佛是她镶在脸上的两颗黑水晶。

　　她脱掉衣服，她的腰在身上勾勒出美丽的弧度，像两个英文字母"C"，彼此背对着背，以肚脐眼为中心，中间隔着一段刚刚好的距离。

　　她从试衣间出来时，已经套上新的衣服。付了钱之后，她把旧的衣服包好放回包包里。

　　她继续往西走，在一家药店里买了剃须刀和桃子味的沐浴精。她内心挣扎了好一会儿，终于决定买一排苦巧克力。

　　十点钟，她回昨天那家小酒吧。

　　这一天，她点了一球香草冰激凌和桃子味的伏特加，把整杯伏特加淋在冰激凌上，用一只小银匙一小口一小口地挖来吃。她一边吃一边读《生命中不能承受之轻》。

　　十一点半钟，她回到旅馆房间，洗了一个桃子味的澡，在浴缸里用剃须刀刮腿毛。

洗完澡，她爬上床，靠在枕头上缩成一团。月亮高挂，她梦见哥哥。

"喜喜，快跑！快跑！"哥哥喊着说。

她和哥哥在一家百货店里偷东西。他们偷了很多东西，有衣服，有食物，还有鞋子。两个人想要离开时，两个警卫追了出来。

她和哥哥拼命逃跑。她一路跑一路跑，跑了很远之后，发现哥哥不见了。她手里只剩下一只很丑的鞋子。

她心跳扑扑睁开眼睛醒来，发现自己躺在旅馆陌生的床上，活像一条影子，只有墙壁上那张《星夜》和手边的一本书陪着她。

第二天，她一大早起来，把几件旧衣服打包，锁好门，搭电梯到楼下，在柜台付了这三天的房租。

她离开旅馆，经过戴德礼律师行那幢大厦门口，在对街车站搭上一辆西行的巴士。

她在车上看书，坐在她对面的一个老女人一直盯着她那顶古怪的帽子。

喜喜故意冷着一张脸，很严肃的样子。

车子到站，她下了车，爬上一条斜路，把那包旧衣服送给救世军。办事处里的一个女职员跟她搭讪，不停称赞她那顶帽子好可爱。

她依依不舍地把帽子脱下来，一并捐给了救世军。

然后，她在酒吧喝了一杯桃子味的伏特加，读了报纸的占星栏，很早就回到旅馆房间，趴在床上看书。

往后的几天，她得了感冒，大部分时间都留在旅馆房间里看书，只出去买过报纸和去过酒吧。

手头上的钱差不多用光的那天早上，她挤眉弄眼在浴室里刷牙，手机铃响，她连忙拿起电话，是戴德礼的秘书茱迪打给她，请她隔天上律师行。她吐着泡泡咕哝应着。

EIGHT__08

喜喜第二天见到戴德礼的时候，他坐在办公室那张使他显得渺小的高背椅子里，身上穿一套深棕色西装，结一条小花点领带，看上去依然像穿了童装大码。

他真的让人看不出年纪。

她禁不住在心里想，他会不会是患了老人症的天才儿童？也许跟她一样，是个孤儿。

他把一份文件放在她面前，说道：

"路小姐，手续已经办好了。"

她望着那个数字，那是很大的一笔钱。但是，她为什么没有什么特别的感觉？就好像这些钱不是真的。

她在那份文件上签好字，乖乖的，就像一个交功课的学生。

"路小姐，要是你以后有什么需要，欢迎随时来找我。"

戴德礼两手互握着放在桌上，脸上挂着诚恳又聪明的微笑。这一刻，他看起来就像一个善良的小精灵，有许多法宝，可以为人实现心中的愿望。

她开口问道：

"戴律师……那天我来这里的时候……有个人在外面等你……他穿着蓝色的夹克……有这么高的……"她用手比画着，"我觉得……他好像很面熟……不知道我会不会是以前见过他……他叫什么名字？"

小精灵皱了皱眉头，一时想不起来她说的是谁。

"我听到他好像是姓林的……名字好像只有一个单字……"

戴德礼终于想起来了。

"你是说林克？"

"呃……对！他是这里的职员吗？"

"不，他是我们雇用的私家侦探社的侦探。"

那个人原来是私家侦探吗？

她不禁想起她看过的电影中那些聪明绝顶又有点落魄模样的私家侦探，他们好像都有一段不为人知的伤感过去。

难道他真的也是天蝎座，跟她哥哥一样？

天蝎座都是天生的侦探。

"虽然Google（谷歌）抢走了很多搜集情报和背景调查的工作，"戴德礼笑笑说道，"不过，有些事情Google始终做不来，譬如说，当你要监视或者跟踪一个人，Google便没法代替私家侦探。"

"他就是替你做这种工作的吗？"

"这些只是其中一部分。要看情形，律师行也是替当事人办事。当然了，当事人的要求，我们也不是全都办得到，譬如说，假如警务处长的太太怀疑她先生有外遇，我们也不可能叫林克去跟踪警务处长，除非我们不想活了！"

他说完，得意地笑了笑，正在为自己的幽默感喝彩。

"你可以叫他跟踪我吗？"她说。

她看到戴德礼脸上露出惊愕的表情，就好像当头挨了一棍似的，那样子很滑稽。

他回过神来，问道：

"路小姐，你刚刚说什么？"

"我想你叫林克跟踪我。"她说。

她知道这念头有多傻，但她就是忍不住开了口，就像一个人满怀希望地对着精灵说出了自己的愿望。

戴德礼不再笑了。

"路小姐，我可以知道为什么吗？"

跟踪她有什么问题啊？她又不是警务处长。

但她还是编了个理由。

"我现在有钱了……可以做我一直想做的事……我一直想写一本书……一本侦探小说……和跟踪有关的……所以……我想找些灵感……"

戴德礼没有表现出相信或不相信的样子。

她猜不透他在想什么,但他好像也猜不透她在想什么。

"就把我当成是你的当事人吧,说我是几年前离家出走的少女,我的爸爸妈妈想知道我的行踪,想知道我过得好不好……你看这样行吗?我会付钱的。"

她感觉戴德礼在犹豫。

她在心里祈祷:求求你,答应吧!答应吧!

她一脸坚持地望着他。

戴德礼终于说道:

"路小姐,你确定要这样做?"

她点点头,问道:

"戴律师,你不会告诉侦探社和林克,你的当事人其实是我吧?"

他神情严肃地回答:

"我没有任何理由这样做。律师是有责任替当事人保密的。"

"那林克什么时候可以正式开始跟踪我?"

"我要安排一下。路小姐,这种情况,除了私家侦探社那方面的收费,律师行也是要收取费用的,这并不包括跟踪你的各项开支在内。"

"没问题!"

　　她现在有很多钱！这笔钱终于有点用途了。

　　"路小姐，你是指定要林克跟踪你吗？他们还有其他侦探……"

　　"不！我要他。"

　　"你需要一份跟踪报告吗？"

　　她本来没想过这一点，戴德礼倒是提醒了她。她答道：

　　"我要一份详细的报告。"

　　"你希望林克跟踪你到什么时候？"

　　"我还没决定。"

　　戴德礼看了她一眼，说道：

　　"路小姐，我看这样吧，你先回去，我做好安排之后会联络你。"

　　她站起身，心里翻腾着一种兴奋的情绪。

　　戴德礼突然抬起头问她说：

　　"路小姐，你身上有照片吗？"

　　她从印有罂粟花图案的尼龙荷包里掏出一张半身照片。照片中的她当时只有十三岁，用一条丝带把头发全都束起来，身上穿着黑色的紧身舞衣。

　　拍这张照片的时候，她刚跳完舞，正想要离开那个嵌满镜子的排舞室，不知道是谁突然从后面叫她的名字，她回过头去，纷乱的发丝在脸庞周围飞舞，一双黑眼睛茫然地望着前方。

　　她一直好喜欢这张照片，照片中的女孩有一种她如今已经失落了的神情。她当时在看什么？到底是谁唤她的名字？她已经记不起来了。

我终究是爱你的

她回过头去，纷乱的发丝在脸庞周围飞舞，一双黑眼睛茫
然地望着前方。

既然说她是几年前离家出走的少女，她富有的父母想知道她的行踪，那么，这张照片最适合了。

她把照片交给了小精灵戴德礼。

对方接过照片，离开那张高背椅子，从办公桌后面走出来送她。

两个人走到门口时，他问她：

"路小姐，你目前是住在……"

喜喜答道：

"我就住在附近的新月旅馆，房号是一〇三。"

直到三天之后，戴德礼的电话终于打来。他似乎是故意拖延三天，确定这位客户没有任何意思改变她那个疯狂的主意。

他通知她说：

"路小姐，已经安排好了，从明天开始，林克会跟踪你。报告和账单要怎么交给你？"

"你暂时还是送到新月旅馆吧。"

喜喜挂掉电话。这时，她正在旅馆附近那家小酒吧里喝光一杯桃子味的伏特加。

她付了钱，把手上看到一半的《生命中不能承受之轻》放回包包里。

然后，她站起身，迈着长长的步子，头也不回地离开酒吧。

从这天起，她再也没有回头路了。

PART 2

/ 孤 寂 的 爱 情 /

ONE__ 01

八点钟，喜喜醒来，从床上坐起，光着脚走到窗边，躲在窗帘后面往下看。下面是新月旅馆的入口，她看到几个路人经过，没有人驻足。

她看向对街的人行道，两个穿白色校服裙子的女生结伴从便利店走出来。

没有任何可疑的身影在下面徘徊或者监视。

十一点钟，她已经穿好衣服，从电梯出来，把钥匙交给柜台。

她瞄了一眼大厅的长沙发那边，一个男人抬起手，打开一份报纸在看，遮住了整张脸，穿棉裤的一双长腿套上了光鲜的运动鞋。

她心头一颤，从他身边走过时，眼角的余光看向他，但那不是林克，是个头顶光秃秃的老男人。

她走出旅馆，到便利店买了一份报纸，在柜台付钱的时候，她隔着玻璃门看了看外面。

　　单凭那张十三岁时拍的照片，林克就能够一眼把她认出来吗？她觉得自己已经不是旧时模样了。从前，舞团里就有个和她比较投契的女孩不止一次跟她说：

　　"你的样子好像每隔一段时间都会变呢！"

　　糟糕的是，她自己照镜子的时候也这么觉得。

　　是什么让一个人的那张脸常常改变？

　　当时，她微笑着把一根手指按在胸口上，对那个女孩说：

　　"也许是因为，我的心总是在变啊！"

　　她把报纸塞进包包里，离开便利店，越过马路，走到下一个街口，穿过一个露天菜市场，在一个大排档点了咖啡和鸡蛋三明治。

　　她在路边的一张桌子坐了下来，一边喝咖啡一边读占星栏。

　　　金星今天进入双子座，

　　　你的生命将如被明星照亮，

　　　新的际遇就在面前……

　　她禁不住从报纸后面偷偷抬起眼睛搜索周围，却没看到她期待的那个身影。

　　　随时留意身边的人，

你会有一位神秘的守护天使出现。

三点钟，她在百货公司买了一支口红和一副太阳眼镜，又在饰物柜那边看了好一会儿，拿起几条宝石镶嵌的项链挂到身上研究。

她不时偷瞄镜子，想看看会不会在镜子的反射里发现他。

什么都没发现。

她太紧张了，要是林克一直盯梢她，说不定已经发现她似乎一直在寻找一个跟踪者。

五点钟的时候，她鼻梁上架着太阳眼镜，悠闲地坐在公园的绿色长椅上看《生命中不能承受之轻》。

她心不在焉地看了一会儿，从书上抬起目光，一头有一张丑陋大扁脸的老虎狗这时挣脱了主人，向她奔来，朝她身后吠叫。

她猛然回头看了看身后的树丛，没看到什么，只看到一阵风吹过，树叶抖动。

老虎狗的主人跑上来扯住它的项圈，喊道：

"多莉，别这样。"

那头名字叫多莉的狗被拉走时心里不忿地吠叫了几声，两只肉肉的前爪朝空中抓了几下。

喜喜把书丢回包包里，从长椅上站起来，悠悠地迈步离开公园。

感谢多莉。

她用手托了托鼻梁上的眼镜，嘴边泛起一丝笑意。

我终究是爱你的

随时留意身边的人，
你会有一位神秘的守护天使出现。

TWO___ **02**

第二天两点钟，喜喜在几家首饰材料店分别买了一批水晶珠子、仿制宝石和金属片，其中一家店的老板娘送她两卷丝带。

五点钟，她在书店买了几本书。

付钱的时候，她瞥见一个穿深蓝色夹克的模糊的侧影一闪而逝，手里好像也拿着书。

八点钟，她在药店买了一瓶染发剂。

八点半钟，她回到旅馆，在柜台取钥匙，那个矮胖的门房向她问好。

进了房间，她脱光衣服，拿起剪刀，对着浴室的一面镜子把长发剪到齐颈，然后扭开莲蓬头洗澡。

当她再次走出旅馆的时候，她一把刘海儿齐颈的头发已经变成了红色。

她一直想要一把红色的头发。

林克会不会认不出她来？

她往西走，到下一条街的酒吧，坐下来喝她的桃子味伏特加，打开一本书看。

她不时悄悄从书里抬起目光搜寻林克的踪影。

她看到他了。

他穿着蓝色的夹克，坐在离她很远的吧台一角，隐身在两个站着喝酒聊天的水手后面。

当你早知道有一个人跟踪你，你便不难发现他。

林克完全没有看向她这边。

当那两个水手谈得兴起，偶然移动一下身体，她才看得见他。

他有点寂寞地喝着一杯白兰地，正在看一本书，不时用笔在上面写字。

那本书是他的掩护吗？他压根儿不像正在监视她。

那两个高大的水手挡住了她的视线。

以前住在孤儿院里的时候，院里有一间图书室，她常常去借图画书。

她爱用铅笔在书里空白的地方写满歪歪斜斜的小字。她写的东西有时是有意思的，也许是从书上抄下来的，有时却是没有意思的，乱写的。

那个负责管理图书室的懒惰姑娘从来不检查院童还回去的书。反正那儿许多书都是慈善机构捐的旧书。

一天，同房的一个院童举报她，说路喜喜破坏公物。

舍监认出她的字迹，罚她打扫图书室。

那天，哥哥偷偷带了面包来给她吃，问她为什么这样做。

那时候，只有六岁的她，不是要破坏公物，她只是想要占领那些书。

多年以后，当她想起那些被她涂花过的书，她始终回味着那份幸福的占领。也许，她当时还不曾明白，她想在她走过的地方留下痕迹，就像小黄狗在街灯下撒一泡尿，留下自己的味道。

十一点钟，她回到旅馆房间。

她开了灯，躲在窗帘后面往下看。

她看到那个穿蓝色夹克的背影回去了。

他是回家去吗？他的家在哪儿？

他没看上来，于是，她大着胆子探出头去，尽情地看他。

她用眼睛占领了那个在夜色里踽踽独行的背影。

这天晚上，她没睡，亮着一盏小黄灯，彻夜坐在房间那张窄木桌前面，用白天买的材料做起首饰来。

THREE__03

星期三的这一天，喜喜离开旅馆，搭上一辆出租车。

十二点钟，她在一条有几家时装店的小街下了车，走进街角一间小巧时髦的饰品店。

看店的瘦个子女孩看到她，朝她说：

"喜喜？你头发什么时候染成红色的？你样子变了耶！"

女孩名叫小绿，店是她自己的，她两边耳垂总共挂着五双耳环，全身上下能挂饰物的地方全都挂满了饰物。

喜喜望着她，问道：

"你干吗？"

"我？"小绿拿起一面镜子把自己从头到脚照一遍，说，"我想看看一个人身上能挂多少饰物。"

"神经病！"

她说完，从包包里掏出一个小小的黑色的丝绒布袋，把里面的几件饰物倒出来，摊开在玻璃柜上。那儿有三条宝石手链，其中一条用了石榴石，两条金属项链，分别附着十字架坠子和天蝎座坠子，一双蓝水晶耳环。

小绿说：

"好漂亮！你多做几件嘛！上次做的那些，早就卖出去了，许多客人来问。"

喜喜拿起一只蓝水晶耳环比在耳垂上，转头看向店外，好像对着外面的空气说：

"我要看心情好不好……"

小绿把其余的都往自己身上挂。

"你是在跟我说话吗？"

喜喜回过头来，说：

"这里除了你还有谁啊？"

她没看到林克，他也许留在路口那儿。

她把那只蓝水晶耳环放回柜台上。

小绿马上拿起来挂在耳垂上，望着喜喜的橄榄石手镯，问道：

"你这个手镯什么时候肯卖？"

"不卖啊。我找了很久才找到十二颗差不多大小的。橄榄石是双鱼座的守护宝石。"

她摸了摸那只手镯，说：

"这些卖完了告诉我一声。我电话改了，以后打这个号码找我吧。"

六点钟，她在街上晃悠了一圈，买了一双袜头有黄蝴蝶图案的紫色长袜和一块蛋糕。

她习惯每年生日这一天送自己一双长袜。三月十九日，是她的生日。

不管她走过的日子有多拮据，一双袜子总是她至少能够负担的。

要是哪天有人问她生日为什么要买袜子，她会告诉对方：

"这是我们家乡的习俗，长袜就是长寿袜嘛！"

这是哪门子习俗呀？

然而，从来就没有人问起过。

九点钟，她坐在沙滩看星星，听海浪，吃了那块蛋糕。

她看到林克独个儿坐在海滩酒吧那边，陪着她吃西北风。

有一天，她和哥哥从孤儿院偷走出来。那时是冬天，他们躲在无人沙滩的瞭望塔里，白天捡贝壳，晚上看星星，吃干粮度过了几天。

后来，她发了烧，比她大五岁的哥哥只得背着四岁的她走路回孤儿院。

她趴在哥哥背上，两只手抓住满满一个胶袋的沉甸甸的贝壳，舍不得丢掉。

她问哥哥：

"我们不回去不行吗？"

哥哥说：

"你病了啊。"

"等我病好了再逃走好吗？"

哥哥点点头，把她背高了一些，吃力地走在黑漆漆的路边。

"这些贝壳全都是我的吗？"

"全都是你的。"

"我要找个地方把它们藏起来。"

她抬起头，看到远处的星星点点的灯光。

那是孤儿院。这是他们的归途。

她站起来，迈步走向挂满晕黄灯泡的海滩酒吧那儿。

酒吧里坐着几对喁喁细语的年轻情侣。

她故意朝林克走去。他若无其事地低头看书，用笔在上面不知道写些什么。

她经过他身边，走到他后面的吧台。

他有一张好看的脸，脸上挂着好看的羞涩的神情。

他到底看什么书？

他也读占星栏吗？

他今天晚上会不会偷拍一张她的照片？

她坐在吧台那儿，面对天上点点繁星，喝她二十五岁这一年的第一杯桃子味伏特加。

FOUR__04

　　到了三月底，喜喜收到一份戴德礼差人送到旅馆柜台、转交给她的报告。

　　她先看照片。

　　一张是头一天拍的，她黑发，走在街上。

　　另一张照片里，她已经变成红发，刚从旅馆出来。

　　她生日的那天，在沙滩酒吧上也有一张，她呷着伏特加。

　　小酒馆里有一张，她正在低头看书。

　　有一张是在戏院外面拍的，她正在犹豫该看哪一出戏。那天戏院里人很少，林克一直坐在遥远的后排。

　　有一张是她一边走路一边打开报纸看占星栏。她记不起那是哪一天。

　　其余大部分都是在街上拍的。林克好像很喜欢拍她走路的样子。

　　他把她的生活列成单子。

　　住新月旅馆一〇三号房，每星期结账一次。

　　有喝伏特加的习惯。（注：指定要桃子味）

　　每天看报纸占星栏。

　　偶尔逛展览会。（计有干尸艺术展览、出土木乃伊展览、历代刑具展览）

　　她趴在旅馆那张床上，咯咯地笑了起来。那些展览会是她故意带林克去的，就好像一个小孩子偏要证明自己勇敢，一个女人想要证明她的魔性。

　　她继续看下去。

　　似乎没有工作，

　　经常一个人在街上乱逛，

　　收入来源成疑，

　　没有朋友，

　　看不出有男朋友的迹象，

　　寂寞。

　　她收起那份报告。

　　第二天，她把装着支票的一个信封投到附近的邮筒，寄给戴德礼。

FIVE__05

　　星期四这一天，她离开旅馆，带了前天做的几条手链到饰品店去。

　　一进门，她看到小绿每边耳垂挂着一串晃来晃去的绿水晶耳坠，染

了一头绿色的短发，活像一只瘦蛤蟆。

"呃！喜喜？"

瘦蛤蟆小绿两只手肘撑在柜台边，忙着打电脑键盘，匆匆抬头瞥了她一眼。

"这是上次的钱。"小绿伸手到收款机那儿拿了几张钞票给喜喜，眼睛一直望着电脑屏幕说，"有个客人想要一个巨蟹座的坠子……"

喜喜问道：

"是个男的吗？"

小绿恨恨地敲着键盘答道：

"女的，胸很大。女巨蟹的胸都很大！"

喜喜好奇地探头过去，问：

"你在忙什么？"

"我要找那个浑蛋王八出来！"

"你在打游戏噢？"

"我哪儿有心情打游戏！那个大浑蛋死王八龟儿子甩了我，借了我的钱不还，我在搜寻他！你给我死出来！"

喜喜收起钞票，凑过头去盯着电脑屏幕看。

三点钟，她回到旅馆，那个矮胖的门房在房间走廊外面探头探脑地等她，一脸贪婪相对她说：

"路小姐，有个男人向我打听你……"

"什么男人？他长什么样子？"

"二十几岁，不到三十，穿蓝色夹克，是个高个子，有点不修边幅，来旅馆好几次了，手里经常拿着一本《数独》，我看到他坐在大堂里盯着你，可能对你有不轨企图。我什么也没说。"

"谢谢你告诉我。"

喜喜说完，飞快进了房间，没打赏那个门房。他看起来一脸失望。

她马上把所有东西连同那张《星夜》打包，到柜台办了退房手续。

six__06

一个钟头之后，喜喜已经住进兔子旅馆六〇一号房。

她把墙上那张两只小白兔吃红萝卜的水彩画丢到一旁，挂上《星夜》。

原来林克常常看的是《数独》。

他不是在书里做笔记，他是解谜。

六点钟，她离开旅馆，在酒吧喝了一杯桃子味伏特加，然后到电器店买电脑。

八点钟，她拎着手提电脑回旅馆。

她在旅馆大厅瞥见林克的背影。

他戴了一顶蓝色的鸭嘴帽，坐在大厅的一把沙发椅里做数独。

她抬起头，从他身边走过，无视他的存在。

她进了房间，把电脑从包装盒里拿出来，接驳电源。

林克在楼下大厅那儿解决数独。

她在六○一号房里，登入Google。

她在搜寻一栏输入林克的名字。

一个画面跳了出来，总共约有四十八万七千项符合"林克"的查询结果。

有林克华、林克中、林克光、林克炳、林克珠，还有一大堆林克什么东西。

有四个午夜牛郎林克，三个拳手林克，一部叫《寂寞林克》的闷蛋小说，一个人类学教授林克（是史前黑猩猩研究领域的权威）……

就是没有她要找的那个林克。

不，等一下……她找到一个博客。博主叫朵朵安娜。

SEVEN__07

喜喜打开朵朵安娜的博客。

一张照片出现在上头，是一张合照。

十四个十六七岁的男生和女生笑着望向相机。照片是在教室的黑板前面拍的。

她一眼就认出他了。

林克是后排左边第一个。

他一只手插在裤子的口袋里，脸上的微笑显得腼腆。

一个有一张瓜子脸、留着长直发、戴颈巾的女孩站在他旁边。

博主朵朵安娜在文章里这么写：

搬家时无意中找到一张中学时代跟同班同学的合照。

前排右边第二个，戴着眼镜的就是我。

后排左边第一个，长得最帅的那个，是我那时候一直暗恋的男生，名字叫林克。

他是学校推理学会的会长，为了亲近他，我那时啃了很多推理小说和电影呢！

偷偷掉过的眼泪，要是加起来的话，至少也可以养一缸金鱼吧？

不过，他似乎一直不知道我暗恋他。

我现在的老公也长得有几分像他。

很久很久没见过他了。这几年同学会他都没来，也跟大家失去了联络。

他到底去了哪儿？

他做什么工作？

过得好不好？

有时候，我真的希望他已经变成一个大胖子。

谁叫我得不到啊！

他一定会后悔那时没选我！

要是谁有他的消息，请告诉我一声。

那么，站在林克身旁那个戴颈巾的女孩是谁啊？

朵朵安娜说"他一定会后悔那时没选我"，是不是他选了这里其中一个女孩？

她在博客里写下留言。

朵朵安娜：

我认识他！

他是我一个朋友的朋友，

还是那么热爱推理小说，

喜欢喝伏特加。

话很少，但一说起推理小说就会很雀跃，最近一次见面，他还跟我讨论松本清张和福尔摩斯呢！

要是你想知道他的消息，请回复我或是电邮到我的邮箱。

她署名"泡泡鱼"，把留言发送出去。

□ □ □ □ □ □

我终究是爱你的

一个钟头之后，喜喜已经住进兔子旅馆六〇一号房。

她把墙上那张两只小白兔吃红萝卜的水彩画丢到一旁，挂

上《星夜》。

EIGHT____08

朵朵安娜在三个礼拜之后的一个夜晚电邮给她。

亲爱的泡泡鱼：

对不起，我出门了，刚回来，看到你的留言。

你真的认识林克吗？

他还好吧？

我以为经过那个打击，他会变得很消沉。不过，听你说他崔跃地跟你讨论松本清张和福尔摩斯，我倒是放了心。

他是松本清张迷。

写福尔摩斯的柯南·道尔更是他的偶像。

看来他已经没事了。

真笨！推理大师还能有哪几位啊？

林克一定不喜欢笨女孩。

他喝酒会脸红吗？

我那时从没见过他喝酒，而且还是伏特加！

伏特加不是只有酒鬼才喝的吗？

我现在倒是又有点担心了。

喜喜回了那封电邮。

亲爱的朵朵安娜：

他喝酒会脸青，不会脸红。

他说伏特加是懂得悲伤的人喝的。

想知道多一点他的消息，请打这个电话号码给我。

她起身到床边拿手机，焦急地在旅馆房间里踱着步。

十二分钟之后，手机响起一串铃声。

朵朵安娜上钩了。

一把年轻的女声问道：

"你是泡泡鱼吗？"

"对。你是朵朵安娜？"

"对不起，好像很冒昧……"

"没关系啊……"

"你是怎么认识林克的？"

"他是我一个朋友的朋友，我们只见过几次面，其实，我跟他不算熟啦。他这人好像挺忧郁。"

"一定是因为那件事……"

"就是你说的那个打击吗？我没听我朋友说过，到底什么事啊？"

"就是他以前老婆啊。"

林克结过婚吗？然后又离婚？

她怔了一会儿，接着问：

"他跟他以前老婆怎么了？"

"他老婆是我们同班同学……"

"她也在那张照片里吗？"

"对。就是站在他旁边那个。"

她没猜错，果然是那个戴颈巾的女孩。

"他们是初恋情人。读书时是她主动追求林克的，一毕业就嚷着要结婚。谁知道，结婚不到一年，她就吵着要离婚，说什么当日结婚是因为好胜。林克对她死心眼得很，自然是不肯离……"

"那怎么办？最后还是离了吗？"

"有一天，他回家发现她不见了，东西全都带走。他找了她很久，终于查出她去了英国。他飞去英国找到她，发现她已经跟一个男的同居，还挺着个大肚子。"

她听了，心中突然觉着一种无以名状的难过。

"那么，他一个人孤零零地回来了？"

"他还可以怎样啊？离婚之后，他变得很消沉，同学会不参加了，也没有再找我们几个旧同学，我看他是想避开我们吧！他现在好吗？"

"他很胖呢，比照片里那个他至少胖了几圈，要不是同名同姓，我还真认不出他来！"她低头摸着腕上的橄榄石手镯，无心答道。

"天啊！他一定是故意把自己吃成这样的！"

"是啊，人一旦伤心就会放弃自己。"

"想不到我以前暗恋的人变成了大胖子。"虽然这么说，朵朵安娜的声音却似乎有点高兴。

喜喜顺着朵朵安娜心中的希望说：

"他跟照片比，苍老了很多耶！看上去至少有三十五六岁。"

"真的？"朵朵安娜果然中计，"我看他是不会想再见我们的了！请你别跟他说我们通过电话。"

"我不会说。对了，他是天蝎座的吗？"

"天蝎座？不，林克跟我一样，是巨蟹座，所以我很记得。"

NINE __09

双鱼、巨蟹跟天蝎都是水象星座，性情如水，天生一对。

"你千万别告诉他博客的事。他不知道我暗恋过他……"朵朵安娜说。

"今晚的事，我谁也不说。"

喜喜挂掉电话。

　　巨蟹男对爱情有强烈的自恋自怜，多愁善感，会永远保护所爱的人，希望心爱的人永远像孩子一样需要他照顾。

　　巨蟹男相当深情，是会躲起来掉眼泪的浪漫螃蟹，无可救药地依恋往事。

　　他们都有恋母情结。

　　九点钟，喜喜穿上雨衣从旅馆出来。

　　微雨纷飞，她翻起了雨衣后面的帽兜，遮住一头红发。

　　她孤零零地走在雨中，紧紧抿着双唇，控制住一股想哭的冲动。

　　她漫无目的地在夜街上走了一圈，穿着红色短靴的脚步愈走愈急，仿佛是想要把往事从身上抖落。

　　往事是碰不得的，一碰眼泪就会哗啦啦地涌出来。

　　十点四十七分，她来到酒吧。

　　林克比她早一步到了。

　　他坐在吧台一角，背朝着门口，正在做数独。

　　她走过他身旁时，瞥见他深蓝色夹克后面湿了一大片。

　　酒保这时把一杯白兰地连同杯垫放到他面前。

　　她把雨衣脱下来挂在椅背上，坐到靠落地窗的角落看雨。

　　雨淅淅沥沥地下着。这天晚上，她喝了两杯桃子味伏特加。

　　在她喝第二杯伏特加的时候，坐在她背后一个三十来岁、带着醉意的男人靠过来说：

　　"小姐，你介意我坐过来吗？"

她瞥了他一眼，望着窗外说：

"不介意。但你得先等我走了之后。"

带醉意的男人还是把椅子挪了过来坐下，手里拿着一杯威士忌，逗她说：

"怪不得别人说红发女子最无情！"

喜喜嫣然一笑，却不是对面前这个来搭讪的男人笑。

她忧郁的目光越过男人的肩膀，望着打在窗上的雨。她是在跟自己笑。

相见争如不见，

多情何似无情。

"哥哥，你什么时候来接我啊？"

刚刚搬到养母家的时候，她写了很多信给哥哥，每一封都会这么问。

她相信哥哥有一天会来接她。

她爱搬一张小圆凳坐到阳台上，隔着阳台上缠满藤蔓的栏杆看向街上，等哥哥来。

说不定哪一天，哥哥会突然在街上那片风景里出现，看上来喊她的名字：

"喜喜！"

她喝光那杯桃子味伏特加，拿起雨衣离开酒吧。

那个带醉的男人尾随着她走出来。

她走过三条街，取道热闹的酒吧街，经过一条巷子。

那个带醉的男人不要脸地跟上来缠住她。

"红发妹！你很难追啊！"

她压根儿不理他。

"我们找个地方再喝一杯吧！"他突然抓住她的手臂。

她甩开他。

男人从后面扯住她身上雨衣的帽兜，骂道：

"臭婊子！你不想玩刚刚在酒吧为什么对我笑！"

她摇晃了几步，用尽气力把他推开，看也不看他。

她裹紧雨衣，匆匆走出巷子。

突然之间，她听到后面传来一声惨叫。

她猛然回头，看见那个男人好像被人推了一把，失去平衡，踉跄跌倒在沟渠边，抱着头痛苦呻吟。

这时，一道闪电映出了一个穿蓝色夹克的身影，在巷口那儿转瞬即逝。

她回身，重新迈步，缓缓往前走。

十分钟之后，她回到旅馆，脱掉雨衣丢到椅子上。

床边的矮柜上面放着那本《生命中不能承受之轻》。

她走过去，拉了拉那盏床头灯的绳子，一只蚊子给灯光吓到了，从灯罩里飞了出来，伏在天花板上。

她打开书，坐在床边读了一段：

我终究是爱你的

巨蟹男对爱情有强烈的自恋自怜，多愁善感，会永远保护所爱的人，希望心爱的人永远像孩子一样需要他照顾。

爱情故事是在这之后才开始：

她发了烧，而他不能像对待其他女人那样开车把她送回家。他跪在床头，心底浮现这样的想法：

她是被人放在篮子里顺水漂流过来的。

TEN___ 10

第二天十点钟，喜喜离开兔子旅馆。

十点四十分，她坐在公园的长椅上打开报纸读占星栏，然后打电话给戴德礼，告诉他她换了旅馆，请他以后把跟踪报告和账单电邮过来。

戴德礼问道：

"路小姐，小说进展顺利吗？"

小说？她压根儿都忘了。

她回答说：

"我写得很慢呢……不是太顺利……"

十二点钟，她走进一家书店。

她在书架上拿起一本《数独》。

她翻到其中一页读一个谜题。

玩的人要在一个九宫格的每个格子里填上一到九的一个数字，每个数字只能出现一次，不得重复。横的纵的每一行加起来的总数要相同。

她解谜解了半天，连边儿都没摸到。她索性偷看书底的答案。噢……原来是这样……

书上说，这不是算术，瞎猜也不行，这是推理。玩的人根据线索推敲答案。

这本书把谜题分成四个级别，有极易、容易、困难和极难四级。

林克做的是哪一级啊？

数独大师古德曾经打了一个比方：你是待决的死囚，今天早上行刑，狱卒说要是你及时解得开极难级数独，你就可以保住小命。

那么，你死定了。

要是她是那个死囚，那么，她死定了，除非……是哥哥替她做吧。

不管多困难的谜题，哥哥也一定能够解开。

她想象行刑的那天，她穿着囚衣。两名女狱卒把她绑在一张电椅上。

手里拿着《圣经》的牧师慈爱地问她：

"路喜喜，你愿意悔改吗？"

她看了牧师一眼，气定神闲地说：

"不急嘛！"

她瞥了瞥行刑室的大钟，还剩下五分钟……三分钟……最后十五秒……

剩下一秒钟，行刑室外面，哥哥把谜题解开了。

他们只好放她走。

她把那本《数独》放下，拿着书去柜台那儿付钱。

她买了米兰·昆德拉的《生活在别处》，加西亚·马尔克斯的《异乡客》和《百年孤独》。

到了月底，她收到戴德礼电邮过来的跟踪报告。

她先看照片。

有一张是她在海滩上散步。

那天刮风，她去听海浪。

一张是她从小绿的饰品店出来。

那天，她卖了几双耳环，有一双她舍不得卖，带去了又带回来。离开的时候，她鼻梁上架着太阳眼镜，遮住了半张脸，耳垂上钉着一颗红榴石，跟她的红发相辉映。

一张是从剧院出来，她去看了《歌剧魅影》。

一张是她从摩天轮上面走下来。

那个夜晚漫天星星，摩天轮攀到半空时，她居高临下，悄悄寻觅他的身影。

他把她的生活列成单子。

报告上说，她是一位自由的首饰设计师。

她长期住旅馆。

她情迷占星栏，除此以外，没有别的信仰。

她一个人吃饭。

他把她爱吃的东西列成单子，下面加了一行备注"（她父母说不定会想知道）"。

她把报告存盘，写了一封信给哥哥，电邮到"雅虎"的一个邮箱。

那个电子邮箱是她为哥哥开的。

ELEVEN___11

到了十月初的一天，喜喜十二点钟走出旅馆，坐在咖啡店里读占星栏。

别再胡思乱想，

长此下去只会耽误青春。

学习一种技能，

你会有意想不到的收获。

两点钟，她从咖啡店出来，把这个月的支票投进邮筒里寄给戴德礼。

五点半钟，她在鞋店买了一双漆皮红鞋子。

她穿上新鞋子走出鞋店时，无意间抬头看到对街二楼一列宽广的落地玻璃窗倒映着夕阳的余晖，几个女孩子在上面上瑜伽课。

她走上去，在柜台报名。

她每星期来上两课，学习哈达瑜伽。

导师妮娜是印度西施。

妮娜教她练习时要排除脑海中的一切杂念。

但是她从来就办不到。当她静止时，往往有一千个念头从脑海中掠过。

她爱占着靠落地窗的位置，不时偷偷往下瞄一眼对街的咖啡馆。林克每一次都隐身在那家咖啡馆里面。

他在那儿总共干掉多少数独？

他都快成精了。

十二月中的一天，她跟其他人一样，随意地在课室的地板上摆着一个摊尸式，预备上课。

这一天，妮娜没来。

一双男人的白皙修长的赤脚走进课室来。

那个夜晚漫天星星，摩天轮攀到半空时，她居高临下，
悄悄寻觅他的身影。

TWELVE___ **12**

　　喜喜坐起身，两只脚掌合拢，双手伸向前面抓住脚趾。

　　她好奇地望着男人。他三十来岁，穿白色短袖汗衫和宽松的及膝运动裤，有一个宽肩膀，眼睛灿烂地笑着，脸朝他们站在课室前方。

　　"从今天开始，我会暂时代替妮娜。"他用清朗的声音向大家宣布，"我叫郑鲁，《鲁滨孙漂流记》的鲁，不是老人家的老。"

　　班上有些人报以笑声。

　　她发觉他浑身上下有一种很特别的气质，这时明明已经是下午了，他却仿佛刚刚从清晨的林中散步回来，带上一身朝阳。他的皮肤上也许还留着树叶和露水的味儿。

　　后来有一天，上完课，她卷起垫子站起来，郑鲁走过来问她说：

　　"你是不是有跳舞底子的？你的身体很柔软。"

　　她抬起眼看他，耸耸肩答道：

　　"我的舞跳得不好。"

　　郑鲁饶有兴味地说：

　　"但你的瑜伽做得很好，你有天分。"

　　她脸红了，说道：

　　"哪里是？妮娜说做瑜伽时要排除脑海中的一切杂念，但我做不到。"

他不以为然地说：

"为什么要做得到？"

她惊讶地看着他。

他的眼睛清澈如水。

"你坐下来。"郑鲁吩咐她。

她只好重新放下垫子，坐到地板上，两个脚掌合拢，双手习惯性地往前伸，抓住十个脚趾头。

郑鲁早已盘腿而坐，看看她，皱了皱眉说：

"你不用这样抓住你的脚趾，我敢保证，它们是不会跑掉的。"

她笑了，学他那样，松开手，手心朝上搁在两边膝盖上，大拇指跟食指圈起来。

他笑笑说：

"我也有很多杂念。不过，假如你真的想要心无杂念，试试跟我做……"

他说完，微微张开嘴，从身体里发出一个单调的音节：

"嗡——"

他停下来，说：

"这是一个梵音……"

他说完，闭起眼睛，吸一口气，继续念：

"嗡——"

她紧闭双眼跟着念：

"嗡——"

她偷偷睁开一只眼睛看他。

他合上眼睛，柔软的头发呈深棕色。

她闭上眼，继续"嗡——"，无暇思想。

他终于停下来了，张开眼睛，问她：

"是不是好了点？有什么感觉？"

她回答：

"我觉得自己像一只蚊子。"

他说：

"是一只心无杂念的蚊子。"

那天，他们一起吃饭。她吃肉，他吃素。她喝桃子味伏特加，他喝气泡矿泉水。

郑鲁曾经在纽约华尔街上班，然后放弃一切，跟随多位瑜伽大师学习，回来香港之后，开了这家瑜伽俱乐部。

他单身，独居，处女座，喜欢大自然。

他有几个志同道合的朋友，其中一个男的，大学毕业之后跑去当农夫，另一个女的，拥有一家香熏治疗所。

他们都是热爱生命的人。

这些人她都在郑鲁家见过。那位香熏治疗所的主人问她住哪里，她回答道：

"兔子旅馆。"

郑鲁住在郊外山腰一幢有三面落地玻璃的大屋里。

喜喜称那个地方作"恐怖屋"。

屋里面养了六只不住笼子、胖得像鸡的彩色鹦鹉，在客厅里自由飞翔散步。这些鹦鹉一见到郑鲁回来，就会飞扑到他身上，撒娇似的喊：

"郑鲁！郑鲁！"

屋里还有一条爱睡沙发的黄蜥蜴和一条爱盘踞在客厅那尊巨型佛像头顶的绿蜥蜴，它的名字叫无花。

鸟儿常常飞来，在院子里栖息。夜里，林中不时传来猫头鹰咕咕的叫声。

一天晚上，喜喜站在客厅那扇落地玻璃前面看向屋外的树林。

雾深了，夜色迷蒙，这附近几乎没有可以躲藏的地方。林克他躲在什么地方。

她一步一步沿着窗边走，眼睛搜索他的踪影，这一刻，只有他看得见她，她看不见他。他会不会躲在外面台阶的柱子后面？

她拿起郑鲁那台用来观鸟的望远镜看向屋外。

郑鲁这时走到她身旁，说：

"晚上看不到鸟。"

她回答：

"我看猫头鹰啊。"

"猫头鹰很少会让人看见。它们都躲起来。"

"那我看它们怎么躲。"

那六只鹦鹉之一拍拍翅膀朝郑鲁飞去，他伸出一只手接住它。

喜喜悄悄挪开一步。

"你不喜欢动物吗？"郑鲁问。

她拿开望远镜，说道：

"我喜欢啊！我一直想养一只猫，每天晚上用一根绳子牵着它出去散步。"

郑鲁咯咯地笑了出来。

"只有人遛狗，哪有人遛猫啊？"

她噘噘嘴说：

"那我找一只喜欢被人遛的猫……"

郑鲁突然拱起两个肩膀，用手势示意她别说话。

"外面有人！"他低声说道。

他说完，放开手里的鹦鹉，拿起一根棍子冲出屋外。

她转身，直直地望着外面院子。

院子里的灯纷纷点亮了，她心里扑扑乱跳，重新拿起望远镜。

她看到一条人影迅速翻过墙头。

快跑吧！林克。

随后郑鲁回来了。

"外面有人吗？"她颤着声音问道。

"可能是野猪！"他丢下那根棍子。

雾深了，夜色迷蒙，这附近几乎没有可以躲藏的地方。

林克他躲在什么地方。

他抱着她，安慰她说：

"不用怕。"

她松了一口气。

九点钟，郑鲁开车送她回旅馆。

他十点钟回家，上床睡觉。

喜喜十二点钟在酒吧里喝她的桃子味伏特加。林克早已经坐在吧台那儿做数独。

这天晚上，他喝了半瓶白兰地。那苦涩的模样好像他喝的是醋。

THIRTEEN___ **13**

郑鲁喜欢叫她住的旅馆作"兔子窝"。

他总是说：

"又回你那个兔子窝去了啊？"

那天晚上，他送她回去，参观她的房间。

他看了一眼她寒碜的窝子，怜惜地说：

"一个女孩子长期住旅馆好吗？"

"挺好啊！自由啊！"

"要是因为钱的缘故……"

"不……"她阻止他说下去，"我和哥哥从小就习惯住旅馆。我爸爸是摄影师，带着妈妈和我们兄妹俩去过很多地方……赫尔辛基、布达佩斯、柏林、新德里，还有西非……太多了……那时我还小，许多都不记得了。"

她走到窗边，继续说道：

"我们每次都住旅馆，从一间住到另一间……直到一天，我们到了南斯拉夫，爸爸开车载我们出去，车子出了意外，掉到山边，只有我和哥哥活下来。是哥哥背着我爬出车厢的。那时我只有七岁。"

她低头把玩着腕上的橄榄石手镯，眼里溢满泪水。

郑鲁走过去，捉住她一双手，用眼神安慰她。

她说下去：

"我哥哥也是一直住旅馆，他是一位战地记者，替通讯社工作。我们约定每年在一个地方见面。我哥哥很疼我，他会摸摸我的头顶，跟我说，我是他的骄傲。"

她手放在头上，看向窗外。

夜深了，那个穿蓝色夹克的身影在对街一盏昏黄的街灯下默默守望。

FOURTEEN___**14**

生日那天，喜喜给自己买了一双长袜。

郑鲁在那幢玻璃屋里为她庆祝生日，请来他那几个朋友。香熏治疗所的主人送她一束薰衣草，农夫带来了一篮新鲜鸡蛋。

客人离开之后，喜喜赶走那条黄蜥蜴，坐在客厅的布沙发上，喝自己带来的一瓶桃子味伏特加。

郑鲁坐到她身边，捉住她拿着酒杯的那只白皙的手说：

"别喝那么多酒……至少……别喝伏特加……"

她笑盈盈的眼睛望着他说：

"这酒好喝啊！"

这天晚上，她没走。

午夜三点钟，她从床上醒来，转头看他。

他睡得很甜，发出平稳的鼻息。

她身上裹着一条被单，摸黑溜出客厅。

她险些绊倒，连忙抓住身边一样东西稳住自己，她摸到一块满是疙瘩的皮，吓了一跳，手一松，感到有一条尾巴在她脚背窜过。

她亮起客厅的一盏小灯。

她刚刚抓住的原来是佛像的头顶。爱盘踞在那个头顶上的绿蜥蜴无花不见了。

她在厨房冰箱里找到她那瓶桃子味伏特加。

她站在客厅的落地玻璃窗前面，望着黑漆漆的院子，呷着杯里的伏特加。林子里传来猫头鹰的叫声。

那条绿蜥蜴悄悄爬回佛像的头顶。

五点钟，一群鸟儿在院子里吵个不停。

她喝光了伏特加，回到那张陌生的床上睡觉。

六点半钟，她睡得很熟。郑鲁醒来，到厨房里喝小麦草汁，在院子里做瑜伽。

做完瑜伽，他喂饲那六只鹦鹉和两条蜥蜴。

喜喜有时会在他家里过夜。

她在屋里时，郑鲁会把鹦鹉拴起来。

那六只鹦鹉一定很恨她。她也恨它们。

一天晚上，她和郑鲁坐在院子的红砖台阶上聊天。

他喝气泡矿泉水。

她喝桃子味伏特加。

他望着她说：

"你把旅馆的房间退了，搬来这里好吗？我不放心你一个人住在那个兔子窝。"

她看了看他，说：

"不行啊！"

他怔了怔：

"为什么不行？"

她说：

"我有时喜欢一个人。"

他问道：

"你不喜欢跟我一起吗？"

"留着那个房间，要是有天你讨厌我，我可以回去啊。"

"我怎会讨厌你？"

她静静地望着林子。

"那没关系……我可以跟自己恋爱……"

"一个人怎么能够跟自己恋爱？"

她摇晃着杯子说：

"为什么不可以啊？我跟自己甜言蜜语……我跟自己海誓山盟……我跟自己长相厮守……我不会背叛我自己……"

"那太孤单了……"他抓住她的手，"我不会让你这么做。"

她悲伤地说：

"爱情是一百年的孤寂。"

第二天早上，她离开玻璃屋。

十一点钟，她买了报纸。

十一点二十分，她在旅馆那张床上读占星栏。

没有爱情就过不了日子的双鱼，

会遇到美好姻缘。

幸福来的时候，

别让它从身边溜走。

夜晚七点钟，郑鲁在餐厅里向她求婚。

他把一枚光秃秃的白金戒指放在她面前，柔情蜜意地说：

"你不用现在马上答应，你准备好再告诉我。"

她抿着嘴唇，黑亮亮的眼睛望着郑鲁，微笑着没说话。

九点钟，他们离开餐厅，回到山上的玻璃屋。

半夜三点钟，她醒来，光着脚到厨房打开冰箱找伏特加。

冰箱里没有她要的东西。

她溜回客厅，亮起一盏小灯，凝立在落地玻璃窗前，看着迷茫夜色。

今天晚上没有星。

她望着手上那枚戒指。

不对，不是这种感觉。

是哪里出了问题？

笼子里的一只鹦鹉拍着翅膀很想出来。

佛像头顶那条绿蜥蜴无花对她虎视眈眈。

她看了一眼这幢房子，感觉自己像个陌生人。

她心中某个东西突然枯萎了。

我终究是爱你的

她看了一眼这幢房子，感觉自己像个陌生人。
她心中某个东西突然枯萎了。

她把那枚光秃秃的戒指从无名指上扯下来，慢慢走过去，套在蜥蜴无花那根丑陋的尾巴上。

蜥蜴动也不动，仿佛那枚戒指本来就是属于它的。

喜喜往后退了几步，静静望着佛像微笑的脸。

如梦幻泡影，

如露亦如电。

她抱着她今天晚上穿来的那双亮晶晶的红鞋子，悄悄溜走。

五十分钟之后，她回到旅馆，马上打包行李，到柜台退房。

她在机场旅馆住了一夜，关掉手机，把头发染回黑色。

第二天，她买了一张新的电话卡。

郑鲁再也不会找到她了。

她突然明白，她害怕热爱生命的人。在这些人面前，她总会觉得羞愧。

十点钟，她带着行李和那张《星夜》，搭上飞往东京的一班飞机。

她在机上发现林克。

他拎着轻便行李，泰然自若地从她身旁走过，在最后一排找到自己的位子坐下。

她低下头，专心读报纸占星栏和那本《百年孤独》。

爱情是一百年的孤寂。

PART 3

/ 你遛我的影子 /

tamypu

ONE__ **01**

喜喜住进东京新宿一家便宜的小旅馆，把《星夜》挂在房间的墙壁上。

她打了几通电话，最后一通电话打到对街那家小旅馆的柜台。

她用英语问：

"请问有没有一位林克先生住这儿？他是从香港来的。"

柜台的职员回答：

"有的，你需要把这通电话接到房间去吗？"

她挂掉电话。

终于找到了。原来林克住在那边。

　　她走到窗边，隔着窗帘看向对街那幢有点残旧的旅馆。天已经黑了，旅馆的窗户亮起星星点点的光。

　　她从机场出来时没看到他，还以为他跟丢了。

　　他会奇怪她为什么一夜之间从郑鲁身边逃走吗？还是他跟她一样，也会在那些热爱生命的人面前感到寒碜？

　　她穿上一袭红色风衣离开旅馆，在附近的酒馆吃了一碗拉面。

　　店里没有伏特加，她喝了两杯梅子酒，然后走路回旅馆。

　　她累了，蜷缩在房间的窄床上，望着墙上的《星夜》入眠。

　　她在梦里又见到哥哥。

　　她和哥哥面对面坐在一列北行的火车上。

　　哥哥不解地问道：

　　"你为什么不嫁给那个人？你本来可以幸福的……"

　　"可是……可是……"她喃喃说道，"我害怕有一天我会变成鹦鹉啊……"

　　哥哥笑了：

　　"那我会变成那条叫无花的蜥蜴。"

　　三个礼拜之后，喜喜穿着她在东京地下街买的一双酒红色的麂皮长靴和深紫色羊毛帽，搭上一列开往长野的新干线火车。

　　她拖着行李穿过一个个车厢，最后，她在禁烟的那一节车厢找到一个位子。

她放好行李，把帽子脱下来丢在旁边的空椅子里。

车子缓缓离开月台，她打开在车站买的一份英文报纸读占星栏，也读一份日本报纸的占星栏。

她试着从占星栏里的几个汉字推敲出意思。这时她突然发现，她多么像是在解开数独的谜题啊！于是，在这一趟旅程中，她都看日本报纸。

窗外下着雨，她揉揉眼睛，靠在椅背上睡着了。

半路中，她动了一下，蒙蒙眬眬看见她那顶帽子掉到地上。她想伸手去捡起来，但她太困了。

TWO___**02**

她在椅背上醒来时，看到窗外毛茸茸的飘雪，兴奋得把脸贴到车窗上看雪。

看了一会儿，她转过头来，不禁怔住了。

她发现她那顶羊毛帽好端端地躺在旁边没人的位子上。

她悄悄探头出去走道张望，这节车厢里只有两个结伴出游的中年妇人，一个老男人和他年轻的情妇。

她拿起帽子看了看，重新戴回头上，微微一笑。

这时，坐在走道另一面的其中一个中年妇人看过来，摸摸自己头顶的白发，又指指喜喜的头顶，微笑咕哝了几句她听不懂的话。

原来是她不是他吗？

喜喜脸上浮起失望的神情，笑不出来了。

她在长野站转搭火车，在第三个站下车。

她拉着行李走出车站。

雪下大了，她伸出一双手，一朵朵雪花飘落在她掌心里。

这雪多美啊！哥哥。

她搭出租车到一幢附露天温泉的民宿，在柜台办了住房手续。

她进了房间，换掉墙上的一幅浮世绘织布画，挂上《星夜》。

然后，她换上旅馆提供的日式浴衣，带了一条小毛巾，踩着日本屐踢踢嗒嗒地到楼下去泡温泉。

温泉里只有她一个人，她赤身裸体走进冒着热气的桧木风吕，任由雪落在她白皙的肩膀上。

女子温泉跟男子温泉用一面竹墙分隔开，她把眼睛凑上去竹片的缝隙偷看，什么也没看见。

后来她发现，林克不住这儿，他住在附近另一幢较便宜的民宿。民宿外面有一个让游人泡脚的脚温泉，她走到那边泡了几次脚。

她在长野待了两个礼拜，每天拿着地图出游，在百货公司买了一双亮丽的草绿色毛绒手套，吃荞麦面吃得很满足，夜晚泡完温泉，就睡在榻榻米上。

　　然后，她一路坐火车北上，在秋田和青森待了几个礼拜，直走札幌。

　　林克一路都装成各样的人物跟踪她。

　　她把他的乔装列成单子：

　　在长野时，他是拿着地图的背囊客和穿着和服的寿司师傅。

　　在秋田时，他是穿着西装和风衣，拎公文包的上班族和穿制服的餐厅服务生。

　　在青森时，他是白头发，蓄了胡子的日本中年汉，手提包夹在腋下，走路八字脚。这一回，她差点认不出他来。

　　到了札幌，他又变回穿蓝夹克的背囊客。

　　离开札幌的前一天夜晚，她到大通公园去看雪祭，人潮摩肩接踵，彩灯映照在雪雕上，如梦似幻。

　　她挤开人群往前走，好几次故意停下来看雪雕，没看见林克。

　　他跟丢了吗？

　　从大通公园出来，漫天飘雪，她哆哆嗦嗦地沿着人行道走向旅馆的方向。

　　她一直往北走，远离人潮，越过已经关门的商店街，穿过寂静的车站，走上一条空荡荡的街道。

　　百货公司打烊了，她食指的指尖在水气朦胧的橱窗上一路划开去，在身后留下了一道绵长的弯弯曲曲的指痕。

　　走到拐角的那个橱窗时，她发现走错了路，猛然掉转头。

　　她瞥了一眼路口的一根圆形石柱，换另一只手，顺着她留在橱窗上的指痕回头再划一遍。

　　猝然之间，她发现那道弯弯曲曲的指痕变宽了，似乎有另一只手的指尖在她不觉时，抚过她留下的指痕。

　　她心头一颤，没敢回望。

　　她没停步，微笑的幸福的指尖一路在那道变宽了的指痕上缓缓滑过去。

　　直到它消失在一根柱子前面，她才收回那只冻僵了的白皙小手，贴到嘴唇上呵气。

THREE___03

　　第二天，她搭火车从札幌北上钏路。这一回，林克终于跟她坐在同一个车厢。

　　他一头白发，穿着样式落后的西装，拄着一根拐杖，乔装成一个驼背的老人，步履蹒跚，在前排找到一个位子坐下来，跟坐在后排的她隔了十二行的距离。

一路上，两个人走了那么多的路，喜喜已经不再担心林克会把她跟丢了。

她低下头，专心推敲日本报纸上的占星栏，又看了一会儿书。车厢里的暖气和颠簸的车程使人恹恹欲睡。她睡着了。

她睡得不知人间何世，模糊中感觉有一只手轻轻推了推她的肩膀。她没理会，那只手又推了她一下。

她张开眼睛醒来，看到面前一个朦胧的人影渐次清晰，穿制服的车掌对她微笑。他指指窗外，咕哝着日语，原来，火车已经抵达终点站，其他人都下了车。

她连忙站起身拿行李。

这时，她看到乔装成驼背老人的林克拄着拐杖颤巍巍地离开车厢。她走另一边出口下车。

她拖着行李箱走出车站。

积雪深深，这里比札幌更冷了。

她终于走到旅程的最后一站，踏足这片苍茫的雪地。在那个梦里，她是和哥哥搭上一列往北的火车的。

□ □ □ □ □

我终究是爱你的

一路上，两个人走了那么多的路，喜喜已经不再
担心林克会把她跟丢了。

FOUR___04

许多年以前，她曾经跟哥哥约定，等他们将来有钱，他们要一起流浪天涯。

生命中最早的记忆已然模糊，她依稀记得曾经跟哥哥衣衫褴褛地在街头行乞度日。

然而，哥哥否定了她这段记忆。

哥哥说，是父母相继病死之后，他们才被送到孤儿院的。两个人从来就没当过什么小乞丐。

但她不相信哥哥。

她觉得父母不是病死的。她想象爸爸妈妈都是美丽的人儿。爸爸是著名的教授，经常带着妈妈和他们兄妹俩在世界各地讲学。有一天，他们搭的那班飞机在沙漠失事，机上的人全都死了，只有哥哥和她奇迹地活了下来。

后来，她又改变了想法。

她幻想爸爸是一位足迹遍天下的自由摄影师，妈妈则是一位艺术家。她同哥哥从小就跟着父母游走世界，见过各式各样的传奇人物。他们是幸福的一家四口，直到一天，一场车祸夺走了一切，剩下她和哥哥相依为命。

日复一日，她不断为这个故事加添许多细枝末节，渐渐地，她自己

都信以为真了。

她是靠着这个想象的故事来度过无数孤苦漫长的夜晚。

这时，风从她身边呼啸而过，雪花如烟雨般落下，就像那些风景玻璃球里的雪景。她脸颊晶亮，拎着行李，匆匆搭上一辆出租车。

她在一家白雪覆盖的小旅馆落脚。附近一带并没有别的旅馆，林克尾随着她住了进来。

他由驼背老人变成了戴近视眼镜和蓝色羊毛帽的年轻游客。

喜喜住二一一号房，他住二一二。

两个人的房间只隔着一面空心墙。她把《星夜》挂到那面墙上。

漫长的旅程中，这是头一回吗？林克就睡在她隔壁，在她那幅《星夜》背后。

起初的几天，她简直没法睡好，也没法专心看书。到了夜里，她总是忍不住好几回把耳朵贴到那面墙上，心半夜三更怦怦地偷听他在房里做什么。

他很安静。这是侦探的职业本能吗？

他睡得不好。她听到他半夜三更在房间里踱步的声音，也听过他在床上辗转的声音。有一次，他甚至不小心把头撞到床背上，发出砰的一声。

他是不是有失眠症？还是他不习惯陌生的床？

他半夜睡不着的时候都做什么？是做数独，还是在黑暗中想念离他而去的前妻？这时候，他会感到寂寞吗？

　　一天午夜，她听到那面墙背后传来一声声咳嗽。

　　林克着凉了吗？

　　她搁下正在看的书，悄悄下床，蹑手蹑脚地走过去，头倚在墙上，倾听了许久。

　　他又咳了几声。她听到他擤鼻子的声音。

　　都是她不好，把他引来北方这片苦寒的雪地。

　　她把一张脸都贴了上去偷听。由于太专心，她头顶撞到那张《星夜》。画掉下来的时候，她及时用一双手接住了，这才没有发出声音。

　　她一只手按在胸口上，惊魂甫定，喘了一口大气，轻轻把画挂回去，溜回床上。

　　他们走了那么多的路，她想起自己还是头一回听到林克的声音，却只有咳嗽声。

　　后来的一天夜里，她在床上翻来覆去睡不着，猝然之间，她听到那面墙后面悠悠荡来一把女人的幽怨微弱的歌声。

我终究是爱你的

这时，风从她身边呼啸而过，雪花如烟雨般落下，就像那
些风景玻璃球里的雪景。

FIVE__ **05**

　　她亮起了头上的一盏小黄灯，坐起来，掀开被子下床，裸着脚走过去，背贴墙上。

　　歌声悠悠流转，如魔似幻，如泣似诉，是《秘密花园》的《夜曲》。

　　林克是在听歌吗？

　　她的背依恋着墙，心弦颤动。

　　她伸出下巴，像猫儿般抬起一条腿，身上穿着单薄的盖到脚踝的白色睡裙，抱住胳膊，跟自己曼舞。她舞过蒙霜的窗边，飘过床沿，滑到那张《星夜》底下，驱身在房间里乱转。歌声丝丝缕缕地不曾停歇，依稀可闻。直到她跳累了，摔倒在床上。

　　这天晚上，她睡得很酣。

　　第二天上午，她几乎把所有御寒的衣服都穿在身上，戴上帽子、围巾和手套，臃肿地离开旅馆。

　　积雪很深。十一点钟，她走在渺无边际、一片苍茫的湿原上。

　　她在雪中独步，身后留下一个个足印，马上又被落雪覆盖。

　　人们去看丹顶鹤。她没去。

　　她害怕大鸟，害怕胖鹦鹉，也害怕鹰。

哥哥曾经告诉她，鹰会吃腐肉和尸体。从此以后，她看到鹰都会全身起鸡皮疙瘩。

雪大块大块地落下。

这里好冷啊！哥哥。她裹紧身上的大衣。

跟哥哥一起浪迹天涯的约定，从来就没有兑现过。

倒是她跟另一个人来了。

哥哥到底跑哪里去了啊？为什么一去无踪？

她哭了，伸手到后面，想要把被风掀开了的、缀着毛边的大衣帽兜重新拉回来。她笨拙地拉了好几次，想放弃的时候，终于拉到了。她觉得自己好像曾经碰到另一只手。

以前每年她生日，哥哥都会送她礼物，唱片、手链、书包、书……哥哥常常说：

"你看那么多的书，不怕将来变成近视妹吗？"

离开湿原，她在百货店买了一双长袜给自己，今年这一双是渔网袜。

六点钟，她去吃了海鲜饭，喝了两瓶清酒。

九点十分，她走进旅馆附近的一家酒馆。

她脱下帽子、颈巾和臃肿的大衣，拉住手套的指尖把手套扯下来甩在桌子上，坐在窗边的那一桌。

林克不在这儿，这儿太小了，他没法藏身。

她估计他是在对街那家弹珠店里。

她用手抹了抹窗子上蒙蒙的水汽，偷偷看过去。那儿亮着灯，她看到一排坐在弹珠机前面的背影。

她吃了烤鱼、牛肉和豆腐，喝了好多杯烧酒。

她感觉一张脸发烫，眼前的一切开始变得有点朦胧。

她又抹抹窗子，外面的雪下大了。她眼睛花花的。

这酒很烈啊！哥哥。

她双手撑桌子，醉茫茫地站起身，穿上大衣，到柜台付钱。

雪茫茫。

她从酒馆出来，蹒跚走在雪地上，走了几步，脚下一滑，摔了一跤。

她七手八脚爬起来，一双手冻僵了，这时，她在大衣的口袋里找到一只手套，却找不到另一只。

她看看身边，没看到那只手套，说不定忘在酒馆里了。

她摇摇晃晃地往回走，又回到酒馆去。

她推开酒馆那扇木门，看到她那只草绿色的毛绒手套孤零零地掉在桌子底下。

她果然把它留了在这儿。她微笑着走过去，拉开椅子坐下来，想俯身捡起手套。

但是，那只手套离她好远啊！

她的手无奈地缩回来，趴在桌上，脸埋手臂里，觉得头很昏，迷迷糊糊睡着了。

　　当她醒来的时候，她发现自己躺在旅馆的床上，盖着被子，身上依然穿着那身臃肿的衣服。

　　她那双绿色手套跟那本《百年孤独》挨在一起，好好地躺在床头的矮柜上，旁边搁着一杯水。

　　她坐起来，拧亮头上的一盏小黄灯，口中干涩，把杯里的水喝光。

　　她觉得热，脱掉身上的衣服丢到脚边，拿起手套和书看了看。

　　林克翻过这本书吗？他是什么时候走的？

　　挂着《星夜》的那面墙背后，悄然无声。

　　她抱着书，轻柔柔地滑进被窝里，又睡着了。

　　那个夜晚他睡不着，一直在想那个女孩子，心中充满对她的欲望和怜悯。

　　他很想去爱她，守护她。

SIX__ **06**

　　四月的时候，喜喜从札幌飞回香港。

　　她住进兰花旅馆三〇三号房，把墙上那张小苍兰的挂相丢到五斗柜后面，换上《星夜》。

当天晚上，她把在旅途上长出来的头发剪成贴头的刘海儿，然后染上紫红色。

她现在看起来像十九岁。

紫色是双鱼座的幸运色。

她在香港机场失去了林克的踪影。夜晚，她在附近酒吧喝桃子味伏特加的时候又见到他。

他一个人喝白兰地，做数独。

第二天，她下午离开旅馆时，看到他脸上架着一副太阳眼镜，身穿蓝夹克，混在对街巴士站等车的队伍之中，手上拿着笔，低着头做数独。

他解不开谜题的时候，会不会忍不住偷看书底的答案？

他到底总共有几件蓝夹克啊？

今天早上她打开电脑看戴德礼电邮过来的跟踪报告。回顾他们刚刚完成的那段旅程，林克拍的，全是她走路的照片：机场、车站、码头、公园、雪地、湿原……她追赶巴士，转火车，走在人潮如鲫的热闹大街上……

在林克眼中，仿佛她的一双脚从来不曾停下来。

只有无家的人，才会一直走路吧？

她往东走，在一个报档停下来，买了报纸，边走边读占星栏。

自从哥哥在她十岁那年送她一本封面印有黄道十二宫图的占星书，她从此爱上了占星术。

谁可一窥星辰的奥秘?

凡人只可拈星微笑。

不管哪一天,只要她那天还想要知道今天的占星栏怎么说,跟昨天又有什么不同?金星进入双鱼宫会不会有新的际遇?那么,她就有活下去的力量和好奇心。

朋友会找你帮忙,

善良的双鱼无法拒绝。

凡事要量力而为,

心肠太软只会害苦自己。

读完占星栏,她打电话给碧碧。

"碧碧,我是喜喜。我改电话了。"她报上电话,"以后有选角打这个电话找我哦……我还好啦……我跟哥哥一起去旅行了,昨天刚回来……我哥?我哥比我大五岁,我们很亲。介绍给你?你失恋了吗?你什么星座?金牛?那不行啊……我哥是天蝎。蝎子跟金牛这一对,注定有性没爱……西门庆跟潘金莲就是著名的蝎子男配金牛女,没结果的……况且,我哥已经有女朋友了……"

五点钟,她带着在旅途上做的几件首饰到小绿的店里。

小绿一看到她,高兴得好像遇到救世主似的,嚷着:

"我打电话找你好几遍了!为什么你给我的那个号码找不到

你啊？"

"我改电话了噢。"她报上电话，然后从包包里掏出一个黑色的丝绒布袋，把首饰倒在玻璃柜上。

"你可以替我看店吗？"小绿问。

"今天？"

"不是今天，是从这个周末开始，只要三个礼拜。我要去印度旅行，本来有个朋友答应帮忙，临时又说不行。真是急死我了！"

占星栏里说的朋友原来是小绿，不是碧碧。

"好噢！"喜喜爽快答应。

"噢！太好了！我买丝巾回来送你噢！"

小绿摸摸喜喜柔软的紫发说道。

"你就有本事染什么颜色都好看。"

"你不能只用一种颜色，你得自己调色。"她说着把她做的一颗紫水晶戒指套在手指上看看。

这回林克没法只拍她走路的样子吧？他总得拍下她看店的模样啊。

打那个周末开始，喜喜每天下午离开旅馆回饰品店去，在店里待一整天，有时看书，有时招呼客人，跟客人聊天。遇上三心二意的客人，她就说老实话，告诉对方，哪一件饰物值得买。

有几个客人称赞她的紫色头发漂亮，其中一个很时髦的，说她的紫发可爱得像一根腮红扫。喜喜把她用的染发剂品牌告诉她们，又告诉她们是哪个号码的紫跟哪个号码的红调色。结果，客人回家染了紫发之后

常来光顾。

林克一下子看到那么多紫头发的女人进出饰品店，会不会一头雾水，某天跟踪错了另一个人？

每天晚上，喜喜关店之后就去吃饭，喝桃子味伏特加。

林克每天陪她上班下班。他成天待在路口那家茶餐厅里，守护着她。

到了五月，天气回暖，她收起靴子，换上凉鞋和薄衣裳。

店里没有客人的时候，她坐在柜台里，隔着橱窗玻璃看向外面，看着来往的车流和路人。

一天，她望着外面发呆的时候，看到一辆黑色跑车驶过之后又慢慢倒车回来，停在对街。

驾驶座上走下来一个男人，穿牛仔夹克、汗衫和棉裤，瘦瘦的肩膀，头发剪得很短，像是在军营里似的，约莫一米八，越过马路朝她走来。

SEVEN__**07**

他先是在橱窗外面驻足看了一会儿，然后直板板地走进来，装着浏览货架上的首饰。

喜喜好奇地偷瞄了他一眼。他不到三十岁，一脸傲气，却又一副心不在焉的样子，时不时伸手摸摸露在牛仔夹克上的一截颈背。

一会儿之后，他掉头过来，走到柜台前面，带着些许微笑向喜喜求助：

"我想买一份礼物送人，不知道买什么好……"

喜喜问道：

"是送给女朋友的吗？"

"不……是送给我妹妹的。"

"你妹妹喜欢什么首饰？"

他摸摸颈背，答道：

"我不是很清楚……"

"那她年纪有多大？"

他看看她，说：

"跟你差不多。"

"你知道她是什么星座的吗？"她探问。

他好像没想到她会这么一问。他假装思索，然后说：

"呃……我不懂星座……"

她又问：

"你记不记得她的生日是哪一天？"

他随意回答：

"十一月……好像是七号，还是八号？"

她盯着他，懒懒地说：

"你根本没有妹妹……对吗？"

他被她揭穿时，摸着颈背，露出窘困的样子。这时，原有的傲气消失了。他有点尴尬，也有点忧郁地说：

"我原本有一个小妹子……"他用手在大腿旁边比了一个高度，"她很小的时候死了，只有三岁，是病死的。"

她心都软了，同情地望着他。

她干吗要揭穿他啊？

"但你还是可以买点什么给她的。"她温柔地说。

她以赎罪的心情替他挑了一条缀满星星的银手链，戴到手腕上比给他看，说：

"你看这些星星做得多漂亮！不管她是哪个星座，都会喜欢。"

"好的，我就要这个。"

他买下那条手链。

几天后的一个夜晚，他又来了，样子有点累，说他刚刚做完工作，经过这附近，想起她，问她想不想一起吃顿饭。

这时，店里的音响流转着一首歌。

夏日的夜晚，

好想谈一场恋爱，

牵着你的手，

看你看我的傻模样……

她关上店门，跟他出去了。

他叫马林，那天吃饭时打趣说自己是小犬座，实际是双子座，明年五月二十三日将满二十九岁。

马林，跟林克有一个字相同。

喜喜不期然联想到福尔马林，一种用来制标本和尸体的防腐剂。

她也想到福尔摩斯。

中学时是推理学会会长，如今当上私家侦探的林克，也一定读过、痴迷过福尔摩斯吧？

马林九年前跟另外三个人组织了一支摇滚乐队，出过一张不畅销的唱片，已经没有太多人记得了。这支失意乐队在不同的酒吧、俱乐部和派对表演，有一票奇装异服，看起来像离家少女和小怨妇的歌迷跟着他们。

喜喜以前从没听过他们的歌。

她不爱摇滚。

他喜欢她，因为她竟然不喜欢摇滚，因为她竟然没听过他们的歌，因为她竟然不知道《苦闷妮可儿》这首歌。

一天晚上，他陪她走路回旅馆。他有点骄傲地提起这首歌。喜喜随口问：

"是谁唱的？"

他一脸失望：

"你没听过？"

喜喜微笑摇头。

马林突然就站在人来人往的夜街上，大声清唱起他写的这首《苦闷妮可儿》。途人纷纷转过头来看他们，有人驻足。

他得意地瞄了喜喜一眼，像个在街头卖唱的艺人似的，继续陶醉地高歌。

她抱着手臂欣赏他忘情的演出。

等他唱完，途人陆续散去了，喜喜拍拍手掌，然后从荷包里掏出一个铜板丢给他。

马林伸手接住她丢过来的那个铜板，脸上露出一副泄气的模样。

她的眼睛淘气地笑了。

"谁是妮可儿？这首歌是为她而写的吗？她是你喜欢过的女人吗？"喜喜心里想，始终没开口问。

爱上一个人，是不是都是由没道理的嫉妒开始的？

她的目光斜斜地越过马林的侧脸看到那个穿蓝夹克的落寞身影。

林克本来跟他们并排走在对面的人行道上，渐渐落后了。

嫉妒是爱情的徒刑。

□ □ □ □ □

我终究是爱你的

她的目光斜斜地越过马林的侧脸看到那个穿蓝夹克的落寞身影。
林克本来跟他们并排走在对面的人行道上，渐渐落后了。
嫉妒是爱情的徒刑。

EIGHT___08

喜喜每天晚上都去听马林那支乐队演唱。到了九月，她已经跟他们跑过不同的酒吧、夜总会和狂歌热舞的派对了。

乐队的另外三个人：乔、韩和小北，她全都熟络了。他们是夜猫子，都爱喝酒，没有一个爱喝伏特加。乔和韩抽烟抽得很凶。小北会趁马林不在的时候逗她说话，向她放电。

当她跟他们一起的时候，林克像一头忠心的大黄狗那样，总是在附近守护着她。

她眼看那几个像离家少女，也像小怨妇的歌迷在乔、韩和小北身上轮流转手，今天跟这个，明天跟另一个。

那天晚上，在一个挤满人的派对上，其他人都溜到舞池里跳舞，他们那一桌只留下她和马林。

她呷着桃子味伏特加，把玩着歌迷丢在椅子上的一个铃鼓。

他喝着啤酒。

她问他：

"你以前也跟歌迷搞吗？"

他噘噘嘴，好像受了委屈似的：

"我从来不跟歌迷搞。"

他又说：

"我已经警告过乔他们很多次了，别跟歌迷胡搞，他们就是不听。这些女孩子太小了。"

她望着他：

"要是你妹妹还在，也是她们这个年纪吗？"

马林略显伤感，喃喃说：

"比她们大一两年……"

喜喜摇着手里的铃鼓，说：

"要是我死了，我哥哥一定会很伤心。他很疼我。他会摸着我的头对我说，我是他的骄傲。小时候，我们住在海边的房子里，到了夜晚，常常会传来呼呼的风声和蛤蟆的呱呱叫声。"

铃鼓哐啷啷地响，她继续说：

"哥哥的睡房在我的睡房隔壁。我怕黑，他会卷起被铺和枕头走过来我的房间，睡在我床边的地毯上，一直陪着我，直到我睡着才离开。他告诉我，那些蛤蟆也是因为怕黑，所以呱呱叫。要是我怕黑，我就是蛤蟆！"

她笑着接下去说：

"他又会把枕头当成吉他，唱歌给我听！我都忘了他唱的那些歌，有一首好像是这样的……"

她手在铃鼓上轻轻打拍子，凑到耳边倾听。

马林的手搭在她的肩膀上，问道：

"你哥哥是做什么的？"

她说：

"哥哥是开小型运输飞机的。不过，不是在这儿，是在西非……"

马林脸露一个好奇和赞叹的表情。

她说：

"哥哥的飞机运货、运人，也运动物。那些坐飞机的动物，不是锁在特制的铁笼里，就是上机前已经注射了麻醉药的，免得它们受惊。有一回，哥哥运过一只长颈鹿……"

她把铃鼓放到头顶上，伸长脖子说：

"由于长颈鹿实在太长了，没有适合的笼子，只好让它挨一剂麻醉药。一群工作人员七手八脚把它扛上机舱时，它简直就是从机头睡到机尾，一双脚一直顶住舱门……"

她收回脖子说：

"哥哥说，长颈鹿睡着时也会梦呓和流口水，但它真的是太长太长了，它上机时流出来的一滴口水，到飞机降落时，都还没流到脖子的一半……"

她笑笑说：

"不过，我知道这个笑话一定是他编出来逗我笑的。哥哥也运过猩猩，他说看到猩猩就想起我，因为我手臂好长……"

她把手伸到马林面前。

马林吻了那只手。

"我好喜欢听哥哥说西非的故事啊！我们约定，每年都会在西非一个地方见面……"

她喝光了杯里的伏特加，望着舞池上方那盏流转如飞的巨型彩色吊灯，咬着唇，默然无语。

马林突然说：

"你有没有发现有个男人好像老是在你出现的地方附近出现？"

她蓦然一惊，问道：

"是你吗？"

马林撇撇嘴：

"是另一个人！高高的，一副不修边幅的模样。我见过他好几次了，你竟然没发觉吗？"他忽然指住喜喜身后的远处，"你看！"

她心里微颤，故意慢慢才回头看去。她身后的远处是吧台，那儿挤满了人。

她没看见林克。

她镇静地问：

"你要我看什么啊？"

马林醺醺醉意地说：

"我刚刚好像看到他在那边……"

她说：

"是哪一个啊？"

他的目光找了一会儿，皱着眉说：

"现在不见了……"

她把头转回来，说道：

"你有没有试过同一天里，在不同的地方，竟然碰到同一个陌生人两次？有些人，就是会刚好也去你去的地方……有些人就是会刚好也爱上你爱上的人……"

她醉茫茫地笑笑：

"我的意思是，生命中有很多偶然……虽然世上有千千万万的人，时间不断流转，你还是会在某天某地跟他相遇……这是命运啊……"

她扯到哪里去了？仿佛她说了那么多的话，只是为了拖延时间，给林克机会溜走似的。

夜总会沸腾着人声和笑声，她失去了她忠心的大黄狗的踪影。

马林牵住她握着铃鼓的那只手说：

"那个家伙说不定迷恋上你，所以成天跟踪你……不知道哪天会突然扑出来……"

喜喜朝马林吐吐舌头：

"你别吓我好不好？"

马林把她抱在怀里：

"不用怕！要是他敢对你做什么，我会宰了他！"

她喃喃说：

"可是……根本就没那个人。"

到了十月的最后一天，喜喜收到戴德礼电邮过来的跟踪报告。

　　这几个月来，她明明几乎每天都跟马林一起，马林有时候在她旅馆的房间里过夜。可是，这一份报告就跟之前的几份报告一样，相片中只有她一个人。

　　她在酒吧外面踽踽独行……

　　她从不同的夜总会走出来……

　　她在人行道上边走边读报纸的占星栏……

　　她走过灯火阑珊的夜街，一脸落寞……

　　报告里，连提都没提过马林、乔、韩或小北。

　　这是哪门子跟踪报告啊？

　　她把报告存盘，关掉电脑。

　　五点钟，她离开旅馆，在便利店买了报纸和一盒"渔夫"原味喉糖。

　　她早上起来就开始觉得喉咙不舒服，一定是前一天在酒吧里吸了太多韩和乔吐出来的二手烟。

　　她吞了一颗喉糖，边走边打开报纸读占星栏。

　　深情又时刻渴望爱人关注的巨蟹，

　　今天将会饱受嫉妒的折磨。

　　别让妒忌使你失去理智，

　　爱一个人，

　　要懂得给他一点空间，

一点时间，

一点自由和一点任性的权利，

别用你的蟹爪子把他抓得太牢……

喜喜微微一笑，继续读双鱼座那几行。

一个喜欢你的人，

今天会情不自禁向你表白心迹，

令你不知所措。

可是，

常常是愈爱愈迷惘的双鱼，

面对深情的表白，

也许会显得犹豫，

要是你爱一个人，

试着让他知道吧……

喜喜把报纸折起来。

多年以来，她只爱读这个占星栏。

作者是一位自称"星座小侏儒"的占星家。

她不知道他是男是女，是高是矮，是老的是年轻的，还是果真是个慧黠的小侏儒。但他一直都算得很准。

仰望无涯的星空和神秘不可测的宇宙时，我们不都只是一个小侏儒吗？

十岁那年，哥哥送她那本封面印有黄道十二宫图的占星书。她指着图，问哥哥：

"这是什么啊，哥哥？"

哥哥说：

"这个嘛……是星座图，我们每个人都属于其中一颗星……"

哥哥指给她看：

"这是太阳，这是月亮，你是这一颗……我是那一颗……天蝎跟双鱼距离有这么远……"

"哥哥，"她抬眼凝望着哥哥，红了一张脸说，"我好喜欢有你做我的哥哥。"

夜晚十点四十分，星星都已经纷纷出来露脸了。喜喜抵达夜总会外面，看到等着进去的长长的人龙。

守在门口的两男一女接待员认得她是马林的朋友，拉开门口围栏上的一根绳子让她进去。

那个女的接待员递给她一张巫婆面具。

我终究是爱你的

仰望无涯的星空和神秘不可测的宇宙时，我们不都只是一个小侏儒吗？

NINE__09

这一天是洋人的万圣节。

她戴上面具进去夜总会。

这么一来，想吃颗喉糖就有点困难了。

音乐吵个不停，到处都是人，她看到一堆吸血鬼，木乃伊，千年古尸，怪脸修女，头顶上插着一把刀的淌血女鬼，科学怪人，穿黑白间条囚衣，脚踝上拖着锁链和铁球的囚犯，烂面男鬼和钟楼怪人。

那个扮成木乃伊的男人待会儿要怎么上厕所啊？

喜喜用手挤开人群，走到吧台那儿，要了杯桃子味伏特加。

她把面具往上掀开些，呷了一口酒。

马林、乔、韩和小北在台上唱着歌。

有一只吸血鬼看到她掀开面具，走来跟她搭讪。她想告诉他，女巫好像从没跟吸血鬼搞过。但她什么也没说，吸血鬼很没趣地找修女去了。

一个钟头过去了，马林他们还在台上。

他们又唱了那首《苦闷妮可儿》。

她一度踮高脚尖朝马林挥挥手，马林也朝她挥手。

她喝了三杯桃子味伏特加，吞下五颗喉糖，膀胱胀胀的。

她穿过挤满人的舞池，突然有一只手不知道从哪里伸出来抓住她的肩膀。她回头一看，那人误会她是另一个巫婆，道过歉，走开了。

她穿过长长的走廊，终于来到洗手间。

科学怪人从女洗手间出来。喜喜没想到她是个女的。

她对着洗手间的镜子挪了挪那张面具，她现在是个紫发女巫，有一管可怕的钩鼻子。

要是她变成这样，还有谁会爱她啊？

除了哥哥。

她拉开洗手间那扇重甸甸的金属大门走出去。

走廊上飘着香味的白色雾气，她咳嗽了几声，觉得面具后面有股醉意。

这时，一个戴着木乃伊面具的高大身影从走廊的另一端朝她直直地走来，身上穿着一件蓝夹克。

她悚然一惊。

但她不能停步不前，否则，他会怀疑。

她慢慢往前走，面具背后的那双眼睛尽量不去看他。

可是，当他走近她，跟她只隔着几厘米的距离时，他突然就停在她跟前。

她没法不仰头看他。

他也在看她。

四目交投的一刻，她看到了木乃伊面具背后一双欲语无言的多情大眼睛。

那双眼睛犹豫着。

猝然之间，他挪开了脚步，欠身让她通过。

喜喜点头表示谢意。

她的一颗心都快跳出来了。

一个喜欢你的人，

今天会情不自禁向你表白心迹，

令你不知所措……

她从他身边走过时，看到那件蓝夹克的一边口袋里露出一本书的一角。

她不用看也知道那本是《数独》。

她没回头，直往前走。

她终于出了舞池，挤开比刚刚更多的人群，挤到吧台那儿，点了一杯桃子味伏特加。

酒保好忙，她两个手肘支在吧台上等着。

她觉得喉咙干涩，禁不住用手掩着嘴巴低头大声咳嗽了起来。

一只大手这时从后面轻轻拍她的背。

她全身一阵震颤，不知所措，没敢回头，咳嗽也止不住。

我终究是爱你的

四目交投的一刻，她看到了木乃伊面具背后一双欲语无言的多情大眼睛。

TEN___**10**

那只手一直在轻拍。

她咳完了，缓缓转头过去，看到一张淌血的烂面。

马林把那张烂面鬼的面具扯下来，笑着说：

"有个男人这样替你拍背，你也不看看是谁？你怎知道一定是我？"

她沙哑着声音说：

"我就知道是你，你拍背也跟拍子……"

马林一脸糊涂：

"我有吗？我哪有？"

她的心跳缓下来了。

她望着马林，他脸上淌汗。这双眼睛比她刚刚在走廊上遇到的那双眼睛快乐多了。

深情又渴望爱人关注的巨蟹，

今天会饱受嫉妒的折磨……

她到底希望刚刚那一只停留在她背上的是谁的手啊？

"你总共喝了几杯？"马林问道。

她酒意醺醺，碎碎念道：

"我还没开始喝呢……"

那个酒保压根儿忘了她那杯伏特加。

"我们去跳舞吧。"马林把她拉到舞池。

拥挤的舞池上，他们互相缠绕着起舞，马林两只手放在她弯翘的臀上。

她的喉糖已经吃光了。

她又咳嗽了几声。

一只大手轻拍她的背。

她抬起脸，微笑望着马林：

"你又拍我喽？"

"我没有啊……"

他的一双手一直搁在她的臀上。

她蓦然搂着他转过身去，几张木乃伊面具在她眼前有如幻影般飘过。

她眼花了，把马林搂得更紧，对他笑。

"我是不是好爱你啊？"她喃喃说道。

她是不是应该结束这一切了？

明天就打给戴德礼。

马林在她耳边问：

"你刚刚说什么来着？"

她没说什么，刚刚那个是问题。

她脸贴他的脸，轻柔柔地说：

"有一年圣诞节，我在学校的舞会上表演，哥哥来看我。那是我头一次当主角，有一段独舞。我太紧张了，一上台就摔了一跤。"

她继续说：

"回去的路上，我一句话也不肯说，只是垂着头走路，我那颗头愈垂愈低，差不多贴到肚子去了。哥哥一直陪在我身边没说话。直到天黑了，我还不愿回家。哥哥突然很认真地说：'喜喜，你一直盯着地上看，要是捡到钱的话，我们要平分噢……'那一刻，我们两个都咯咯大笑出声来。"

她头挨在马林的肩膀上，看向他背后一张张如魔似幻的面具。

这时，她已经打消了明天去找戴德礼的念头。

一天早上，她在旅馆的床上醒来，推开窗，看到一部白色的家庭车在下面缓缓驶过，车顶上绑着一棵褐绿色、胖嘟嘟、毛茸茸的圣诞树，树干底部钉着一个木造的脚架，用一张银色纸裹着。

这一天是圣诞节前两天。

一年又过去了。

□
□
□
□

我终究是爱你的

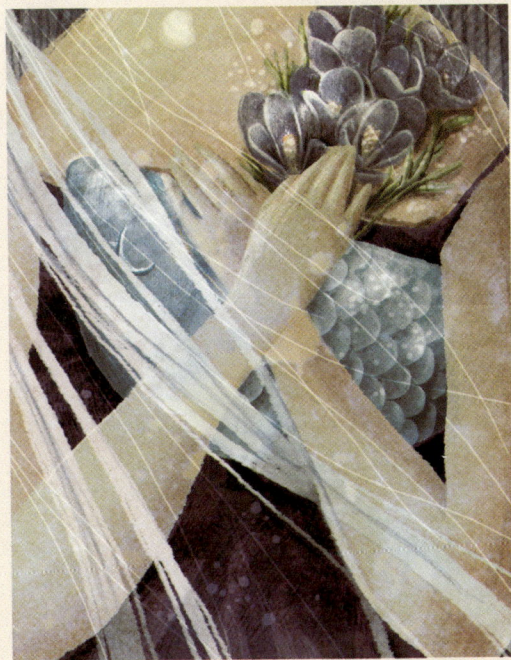

她蓦然搂着他转过身去，几张木乃伊面具在她眼前有如
幻影般飘过。

ELEVEN___**11**

喜喜穿上米色风衣和红色麂皮短靴，拎着一袋旧衣服出去。

她把旧衣服拿去捐给救世军。临近圣诞，送东西来的人比平日多，她排队等了一会儿。

终于轮到她时，那个女职员认得她，一味称赞她的紫红色头发很漂亮。

喜喜摸着头发微笑。

她这头发没法捐出来啊！

今天的占星栏写道：

临近圣诞，

周遭充满欢乐，

接近神圣的东西会对你有好处……

她瞧了一眼挂在墙上那个耶稣被钉的十字架，把原本打算拿去小绿的店卖的几件首饰一并捐了出来。

今天不用去小绿的店了。

她在热闹的大街上漫步，浏览百货公司的橱窗。四周挤满赶着买圣诞礼物的人，不断有人塞给她减价和大抽奖的传单，她总共见到三个圣

诞老人和五棵挂满饰物的圣诞树，其中一棵会发光。

她在百货公司里买了一双减价的深红色绢面高跟鞋，鞋头上饰着一朵紫红色的玫瑰花。

从百货公司出来时，她已经穿上了新的鞋子，不时低头欣赏脚下的玫瑰。

四点钟，她坐在酒馆里，跷起腿，啜着桃子味伏特加，静静地读聚斯金德的《香水》。

看书时，她喜欢猜书里的主角是哪个星座的。譬如说，为了追逐香味而谋杀少女的调香师格雷诺耶这个人，会是什么星座的？

会不会是守护神、地狱之王普尔德的天蝎座？

喜欢掌控一切的狮子座？

还是出人意表地竟是恋家的巨蟹？

喜喜从书里抬起眼睛溜了一眼周围，心里觉得纳闷，她好像一整天都没发现林克。

六点二十分，她走路回到旅馆。

旅馆大厅中央竖起了一棵瘦巴巴的圣诞树，上面缀满一个个闪亮的小灯泡。

她在树旁走过，搭电梯上三楼。

出了电梯，她停在三〇三号房的门前，掏出一把钥匙开门。

她开门走进漆黑的房间，觉得脚下好像踢到一样东西。她伸手在门边的墙上摸索着，灯亮了起来。她低头一看，一个白色的信封就在她脚边。

她放下手里的东西，关上门后捡起那个信封。

她把信封翻过来看。

那上面用蓝色圆珠笔写着："路喜喜小姐"。

她好奇地摸了摸那个信封，里面装的似乎是照片。她走到床边，把信封口撕开，伸手进去。

里面没有信，有几张照片露了出来。

她取出照片。

第一张是马林在街上亲昵地牵着一个女人的手。那个女人约莫三十岁，长得不错，穿着一袭宽松的裙子，肚子凸了出来，至少也有五到六个月的身孕。

第二张是马林跟同一个有身孕的女人，两个人中间坐着一个三四岁的小男孩，那男孩长得简直就像是跟马林同一个模子刻出来的。三个人正在吃饭，女人喂孩子吃东西。

第三张是在屋外偷拍的。同一个女人，站在窗前，脸露幸福的微笑。马林从背后搂着她，双手放在她圆鼓鼓的肚子上，女人的一双手握着马林的手。

三张照片里，那个孕妇右手的手腕上都戴着一串缀满星星的银手链。这串手链是马林第一天来饰品店时，喜喜替他挑给他口中那个三岁时死去的妹妹的。

最后一张照片，是马林在他那辆黑色跑车前座，跟一个女孩子亲热。喜喜认得，那个女孩是他们的歌迷。

这些照片全都是最近拍的。

她跌坐在床缘，一张脸痛苦地扭曲成一团。愤怒和悔恨在她胸中有如巨浪般急促起伏，她感到双脚一阵痉挛，使得鞋头上的玫瑰也在抖颤。

她咬着嘴唇，鼻翼翕动。

原来，她正在拼命用鼻子呼吸。

这时，一串轻快的铃声响起，是她的手机。她乏力地伸手到后面把丢在床尾的包包拉过来，掏出手机。

"喜喜，我到了，你还不下来？"

她站起来，离开床，走到窗边，看到马林那辆黑色跑车停在下面。

她应了一声，挂掉电话。

五分钟之后，她从旅馆出来。

马林坐在车里，一双手搁在方向盘上，眼望前方，轻摇着脑袋。

他在听音乐，没看见她。

喜喜直直地走上去。马林看到她了，朝她笑。

但她没上车。

她绕到马林那边，从风衣的口袋里掏出那四张照片，夹在挡风玻璃跟雨刷之间。

她没回看马林一眼。

交通灯刚刚转成绿色，车流开始移动，她冲过马路，后面的车子不

我终究是爱你的

四点钟，她坐在酒馆里，跷起腿，啜着桃子
味伏特加，静静地读聚斯金德的《香水》。

停向她大声响号。

她大步沿着人行道走，经过一列缤纷的商店橱窗。

马林追了上来，生气地问道：

"你找私家侦探跟踪我？"

她终于看了他一眼，一脸悲伤。

真好笑！她找私家侦探跟踪的是她自己。

她继续往前走，眼里滚动着愤怒的泪水。

马林抓住她一条手臂，柔声说：

"喜喜，我们上车再说。"

她拽开他。

他纠缠着不放手。

她冷冷地说：

"你根本就没有妹妹，对吧？"

马林没回答，想要拉她走。

"走吧！我们上车！"

"放手！"她使劲甩开他。

这时，不知道哪里走出来一个圣诞老人装扮的胖子，横在他们中间，一个劲地揽住马林。

"先生，圣诞快乐！"

喜喜撇开马林，头也不回地往前走。

"你干吗！你放开我！喜喜！"

"耶稣爱你！"

"爱你老子！"

她愈走愈远。高楼大厦外墙的圣诞灯饰纷纷亮了起来，一拨儿拨儿的人潮在她身边推挤着。她双手插在身上风衣的两个口袋里，垂首走路。

要是哥哥在，一定不会放过任何一个欺负她的人。假使有人欺负她，她会跟那人说：

"哼！你去跟我哥哥说！"

街上沸腾着人声、车声、笑声。有人向她问路，她随手指向身后。一个乞妇向她讨钱，她没看见。有几个拎着购物袋的人不小心撞到她，跟她说对不起。她没理会，因为她在哭。

人声、车声、笑声都远去了。她走过无人的昏暗长街，听到歌声和琴声。

她抬头，看到一座尚未关门的教堂，里面亮着温柔的灯火。

她踏上几级台阶，走了进去。

这时已经十点半钟。她在一排长椅上坐下来。教堂里还有二十几个人。点着蜡烛的祭坛那儿，十来个披着雪白袍子的唱诗班成员正在练习圣诞诗歌，伴奏的漂亮修女那双手在黑白琴键上翻飞徘徊。

通往祭坛的走道上，一个高个子的年轻男孩把圣诞的装饰彩带挂到天花板去，另外几个男孩和女孩在下面扶着梯子，仰头看他，低声指指点点。

一个手里握着念珠的老妇跪在一排椅子前面喃喃祈祷。

喜喜抬眼望着教堂前方的圣母怜子像。圣母低垂着慈爱的眼睛，望着怀中的婴儿。婴儿头上有一圈光晕，眼睛睁得大大的，透露着亘古的寂寥。

那双新买的绢面红鞋把她脚跟的皮都磨破了，正在淌血。喜喜把鞋子从脚上脱下来，搁在脚边。

她泪眼模糊地读着一本经书。

后来，她把经书放回前面的椅背上，起身走出走道。

她看到林克在后面的一排椅子，靠近路口坐着。

他身穿那件蓝夹克，手指相扣，闭上眼睛低头祈祷。

她走过他身边时，瞥见他脚上穿的是一双圣诞老人的黑色圆头胶靴子。

出了教堂，她往右走。

她就知道今天是谁把那个信封塞进她的门缝里。

林克以为自己是谁啊？她有叫他这么做吗？他干吗要多管闲事？难道他真的以为她那么笨，永远不会发现马林的秘密？他分明是嘲笑她有眼无珠。

他看不起她爱的人。

她心中恼火，好想冲上去狠狠揍他一顿。

她弯过拐角时，陡然刹住脚步，掉转头往回走。

林克果然冷不防她在这里掉头，他差一点就避不开。就在这时，他突然转右，那儿刚好有一幢几层高的小公寓，他手插裤袋，泰然自若地走进去。

她走过时，看到他背对着她，装作一个归来的住客，摸出一把钥匙，准备开门。

她本来可以走上去，等着看他打不开门的窘态。可是，她突然又不恨他了。

她若无其事，继续往灯亮的地方走。

她回教堂，找到她忘在那儿的那双红鞋。

她拎着鞋，光着脚走出教堂。

这时，她抬眼看到教堂旁边立着一幢不起眼的小旅馆，门口没有圣诞装饰。她几乎错过了。

当天晚上，她拎着高跟鞋住进这家荷西旅馆四一二号房。

她进了房间，连门都没锁，除下身上的风衣，脱掉胸罩，缩在床上，爬进梦乡。

第二天早上，教堂的六下钟声把她从梦里唤醒。

她回兰花旅馆，把东西打包搬过来。

房间里没有挂画，也没有挂钩，那张《星夜》就挨在床头柜的一盏小罩灯旁边。

她染回黑发，一张脸看起来苍白哀伤。

随后，她坐到床边读报纸上的占星栏。

她无意中看到一段新闻。

圣诞奇闻，

酒廊歌手遭身份不明圣诞老人当街袭击，

嫌疑人事后逃去无踪，仅遗下假肚子一个。

歌手轻伤，拒绝追究。

她笑了，不过，不是快乐的笑。

她笑着掉眼泪。

今天是圣诞前夕。

午夜时分，教堂敲响了十二下钟声，她在附近的小酒馆干掉了半瓶桃子味伏特加。

她付了钱离开，走路回旅馆。

她醉梦昏昏走在空荡荡的路上。走了一半，她觉得累，坐到路边的石阶上。

林克在她面前走过时，她说：

"你别再跟着我。"

林克整个人几乎定住了。

这时，喜喜弯下身去，抱起了脚边的一条小黄狗。她从酒馆出来之后，它一直可怜兮兮地跟着她。它鼻子上有一块伤疤，看来是没有主人的。

林克继续往前走。

喜喜站起身，抱起那条狗儿，走在林克后头。

路上只有他们两个人，街灯下，他长长的影子落在她前方。

她把那条小狗从教堂半掩的圆拱大门放进去，里面亮着灯。

她走下台阶，悠扬的圣诞诗歌在她背后回荡。

她一直想遛一只猫。

别人以为她爱猫不爱狗。其实，她觉得狗是她的朋友，会忠心耿耿地跟她游走天涯，不需要用一根绳子去遛。

一个人不会遛自己的朋友吧?

她摇摇晃晃地走在一盏昏黄的街灯下，回到旅馆。

但是，她想到，一个人还是可以遛自己的影子，或是别人的。

就像今天和过去无数个孤寂的夜晚，她遛林克的影子，林克也遛她的。

PART 4

/ 归途 /

ONE___ **01**

除夕那天，喜喜在书店买了格雷厄姆·格林的《恋爱的终结》。

她反复读了几遍，沉湎于哀伤之中。

有时候，她在旅馆的床上一躺就是几小时。她很少出去了，也不打理自己，看上去有点邋遢。

隔壁教堂的钟声已经不再那么容易在早上把她吵醒，因为她总是在前一晚喝酒喝得太多。

她的漫长夜晚是在酒馆里用桃子味伏特加来度过的，林克用的是数独。

她愈迷糊，他仿佛就愈清醒。

教堂收养了那条小黄狗。

它一天一天长大，已经不小了。

她有时会过去看看它，它经常在教堂后花园的那尊圣母雕像下面抬起头，神圣地散步。

但是，它已经不认得喜喜了。

几个月来，这幢教堂总共举行过十二场婚礼和四场追思弥撒。她从旅馆的窗子看见过几个穿白色婚纱的新娘和穿黑纱的寡妇。

夜里，她也从这个窗子偷看过林克归去的身影。

有天晚上，她看到林克隔着教堂花园的围篱跟那条黄狗喃喃说着话。他喂它吃东西。黄狗看来挺喜欢他。

她看着却觉得妒忌。那条狗儿明明是"属于"她的呀！

可是，到后来，她又没那么妒忌了。看到林克跟那条狗说话的时候，她会想象他们的对话。她认定林克至少有一回是这么跟狗儿说的：

"那天我几乎给她吓死了，原来，她是叫你别跟着她！"

TWO___ **02**

到了三月十九日那天，她从宿醉中醒来，已经是傍晚了。

　　她打开电脑，用哥哥的电子邮箱电邮了一张会唱歌的生日卡给自己。卡片上面用粉红字写道：

喜喜：
生日快乐
你又长大一岁了，
祝你所有愿望都能成真。
永远爱你的哥哥

　　她穿上一袭白色裙子和红鞋，离开房间，搭电梯到楼下。
　　那个有两只皱褶下垂的眼睛和一张长脸，看起来像英国猎犬的门房向她问好。这个人总是用奇怪的目光看她。
　　她今年买给自己的一双长袜是深绿色的。
　　今天的占星栏写道：

这个月是你的幸运月，
让你有机会重新思考事情，
抛开过去，
想想自己的优点吧！
别再沉溺在自怜之中。

她在夜晚去了海滩。

海水沉默无语。

天上没有星，只有一轮冷冽的月光。

林克坐在海边的一块大石上，手里握着一根渔竿，悠闲地钓鱼。他旁边放着一个塑料水桶，他把上钩的鱼儿丢进水桶里去。

喜喜脱掉脚上的鞋子，一步一步走进冰凉的海水里。

她衣衫尽湿，海水浸泡到她胸前。

她潜入水底，沿着岸边游了一圈，浮出水面，回到岸上。

那块大石上，只留下一根渔竿和翻倒在一旁的水桶。

她收回目光时，看到林克在她面前跑过。

他在跑步！

他连渔竿和上钩的鱼都不要了，从那块大石滚到海滩上跑步。

他以为她想自杀吗？

她凄凉地笑了。

她只是顺着星座的指引，想要抛开过去，重新思考事情。

她想起她爱过的一些人，但她不记得她遛过他们的影子。她回忆起郑鲁和马林时，对他们的印象已经有点模糊了，还有那几个金牛、山羊、水瓶和双子……

她只是为自己难过。

林克在海滩的一头跑到另一头，又往回跑。

这是个荒谬的夜晚。她突然发现，他是她雇来遛自己的影子的。

那么，到底是他遛她的时候多，还是她遛他的时候多？

我们在月下遛着别人孤独的影子。

多年来，他成了唯一跟她形影相随的人。

她把鞋子穿回脚上。

这天晚上，为了庆祝生日，她干掉了一瓶桃子味伏特加。

.

THREE___03

两个月过去了。六十篇占星栏，乘以这个倍数的伏特加。

她沉溺在自己的沉溺里，日子何等地漫长。

她收到的跟踪报告，都是她来回旅馆和酒馆的路上。

她总是试着走得优雅，因为她知道有一个镜头永远在某处守候着她。

但是，她没法每一次都做得到，尤其是酒醉的时候。

不过，林克每一次都拍到一个比较好看的她。

其中一张照片是白天拍的，她在教堂外面猛然回首，双眼茫然地望着镜头。

她不是在看林克。

那天她是在看什么呀？

是什么让她把脸转过去的？

她努力地回想。

是那条黄狗朝她吠叫吗？

还是教堂在她走过时刚刚敲响了钟声？

她酒喝太多，记不起来了。

她默默地望着林克镜头下茫然回首的她。她脸上的发丝纷乱，一双梦幻的大眼睛看向相机，他把那一刻捕捉下来了。

她在相片里看到了爱。

但是，那天她回过头去之后做了什么？她应该是继续走她的路。

后来的一天夜晚，她在梦中听到轰然一声的巨响。她从旅馆的床上惊醒过来，以为是个噩梦。随后，她听到玻璃碎裂的声音，警车由远而近的警笛声，沸腾的人声和愈来愈多的脚步声。

她终于亮起了床头的一盏灯，走下床，拉开门，从门缝探头出去走廊看看。

她看到一群神色凝重的警察和几个身穿睡衣、被吓坏了的住客，这些人把走廊尽头的一个房间堵住了。

过了一会儿，她看到两个警察押着一个穿西装，没结领带的肥胖男人从那个房间里走出来。

那个男人垂头丧气地经过她面前，看上去约莫四十岁，一身酒气。

那个有一张猎犬脸的门房走来跟她一个人说，那个人是警探，开枪自杀，不过没轰中自己，倒是轰碎了房间里的一盏灯。

喜喜听完，关上门。她漠不关心，溜回床上，醉醺醺地裹在被窝里，又睡着了。

第二天夜晚，她下楼去买报纸时，读到那段新闻。

一个债台高筑的失意警探昨晚在荷西旅馆四楼租了一个房间，准备开枪轰自己的脑袋。最后一刻，他下不了手，枪口挪开了些，结果轰碎了天花板的一盏吊灯。

她丢掉报纸，到酒馆去喝她今天的桃子味伏特加。

她选了最孤立的一张桌子坐下来，林克坐在马蹄形吧台那儿，低头做着数独。

昨天出事时他也在旅馆附近吗？

当她喝到第五杯伏特加的时候，酒吧已经挤满了人，酒客们挡住了她的视线，她看不见吧台那边。

一个穿西装的大块头走过来跟她搭讪。

他喝的是纯味伏特加。

他挪开椅子，坐到她面前。

他看上去跟昨天那个没死的警探差不多年纪。

他开口问道：

"桃子味真的比较好喝吗？我看你喝了许多杯。"

喜喜拿起酒杯长长啜了一口酒，说：

"有了桃子就甜啊！"

大块头望着自己那杯酒：

"那就奇怪了！喝伏特加不是要喝它的苦吗？"

"有时你会嫌它太苦呀。"

他说：

"你看来有心事。"

"心事谁没有啊！"

"漂亮的女人心事特别多。"他卖口乖。

喜喜由得他说下去。

"有没有人告诉你，你的眼睛很亮？"

"是吗？"她微微一笑，把酒喝光。

"亮得像星星。"大块头说。

她朝一个侍者招手，想再要一杯。那人没看到她，一直在忙。

"我去替你拿好了，还是要桃子味吗？"

她醉醺醺地点头，看着他起身到吧台走去。

他回来的时候，手里拿着一杯纯味伏特加和一杯桃子味的。

"跟酒谈心最好了。"大块头说，"酒能守秘密。"

她啜饮着杯里的酒说：

"我有什么都跟我哥说。哥哥是汪洋大盗……"她掩着嘴巴笑了起来。

"我在说什么呀！我想说，他是汪洋大海，不管我有多少心事，都可以倾进去……"

她说着说着，觉得她好像看到大块头有两张脸，酒吧里每个人都有两张脸。

她再喝一口酒，试图清醒，却更模糊。

她看到大块头那两张脸朝她笑，他扶她起来。

"我们去哪里呀？"她笑着问。

"上我的车，我们去一个很好玩的地方。"

"林克呢？"她喃喃说。

她看不见吧台那边。

大块头迅速搂住她走出酒馆。

他的车就停在外面。他打开车门，把她推上了车。

她跌坐在车头，一只脚腾空了悬在车外，手抓住车门想出来。

"没有林克，我哪儿都不去。我要回家。"她手指指向前面的荷西旅馆，从皮包里掏出一把钥匙晃了晃，"我就住那儿，我不用坐车。"

"那更方便了！但我们还是得开车过去。"大块头硬把她那只脚抬起来塞进车里，摔上车门。

她觉得头好昏。他是不是在她那杯酒里下了药啊？这个浑蛋！

但她无力挣扎。

她想下车，车子飞也似的往前冲，离开了酒馆门口。

这时，她看到林克从酒馆里追出来，拼命想追上她。

可是，太迟了。

□
□
□
□
□

我终究是爱你的

她默默地望着林克镜头下茫然回首的她。她
脸上的发丝纷乱，一双梦幻的大眼睛看向相
机，他把那一刻捕捉下来了。

FOUR ___ 04

大块头把车拐进荷西旅馆旁边停下。

他搂着喜喜下车，手里拿着她的门钥匙。

她身不由己地跟他走。

他们搭电梯上了四楼。

他用钥匙进了房间，摔上门，把她扔到床边去。

他脱掉西装，解开皮带扣，露出一口白牙，笑着说：

"我会很温柔的！包你爽死！"

他脱剩裤子，走过去扯住她的头发，把她拉到床头，压在她身上。她用手推开他，他抓住她两个骨碌碌的手腕，她手腕上那只橄榄石手镯断成两截。她用脚踢他，没踢到。

"哥哥！救我！"她喃喃说。

房间的门这时突然从外面打开来。大块头转身看向后面。

喜喜看到有两张脸的林克冲进来，看到守住门口的猎犬脸门房那张脸变得好长好长。

林克把那个大块头从她身上扯下来，朝他的脸轰了一拳，然后又一拳。

她听到打架的声音和倒地的声音。

她看到一个人躺在地上给另一个人拖了出去。

房间里的一切又回复平静。

她好像看到林克蹲在她床前，握着她的一双手，问她：

"你怎么了？"

"哥哥，你为什么现在才来啊？我想睡觉了。"她闭上眼睛低声回答，转过头去，搂住一条被子，脸埋进枕头里，沉沉地睡着了。

她一直睡到第二天下午。

她醒来时，隐隐约约地听到隔壁教堂敲响了黄昏钟。

她头痛欲裂，爬起身，用一杯水吞了四颗头痛药，又回到床上去，靠着床背坐着。

夕阳从窗缝细细地流进来，她身上依然穿着昨夜那身衣服，手腕上布满瘀青和抓痕。房间里的一切平静如故。那张《星夜》依然挨在床边的矮柜上。那条断成两截的橄榄石手镯躺在《星夜》前面，十二颗橄榄石完好无缺。

她心中一阵酸楚和羞耻的感觉，嘴角皱缩着，哭了。先是啜泣，终于放声大哭。

她哭着拉开床边的抽屉，找到一把剪刀。

她手里握着剪刀，赤脚从床的另一边下床，走进浴室，对着镜子梳她纠结的长发，然后剪到齐肩。碎发如雨丝般纷纷飘落她脸庞上。

剪完头发，她踏进浴缸里，扭开莲蓬头，把自己从头到脚洗一遍。

要么死了算，要么就好好活下去。

何况，她很有钱啊！她银行户头里还有养母留给她的一大笔遗产。

她洗了很久很久，像鱼儿回到大海里似的。

她开始快乐地唱起歌来。

洗完澡，她用一条大浴巾抹干头发，又用那条浴巾裹着身体。

踏出浴缸时，她看上去像二十四岁。

她甩甩头发上的水珠，坐到床边，打开电脑。

喜喜：

你近来好吗？

我很好。

哥哥不在身边的时候，

你要好好照顾自己啊！

虽然外表看起来不像，但我知道你是个坚强的好女孩。

哥哥永远都会以你为荣。

你是我的骄傲。

爱你的哥哥

她写好了信，把信从哥哥的电子邮箱寄到自己的邮箱。

收到信后，她又读了一遍。

六点二十分，她修好了那只橄榄石手镯，重新戴到手腕上。随后，她把头发吹干，穿好衣服离开房间，搭电梯到楼下。

她在大厅见到那个猎犬脸门房。

她朝他微笑。

他看到她的改变时，略显惊讶，但是尽量不表现出来。他的猎犬脸是他最好的掩护，不容易看出表情。

喜喜终于明白，林克收买了这个门房。警探开枪的那个夜晚，林克也在她附近。

她走出旅馆。

经过教堂时，她看到那条黄狗在后花园的圣母雕像下面沉思默想。

她朝黄狗笑，觉得黄狗好像也对她笑。

她在便利店买了报纸，读她今天这篇迟来的占星栏。

上面写道：

双鱼座的人往往拥有哲学家的思想，

能在困境中找到出路。

觉悟是你今天的主题。

鱼儿，善用新的一天吧！

她在百货公司买了几件新衣服。

走出百货公司时，飘雨了。

　　她想起现在是梅雨季节。

　　她穿上新买的草绿色雨衣，潇潇洒洒地走在大街上。

　　她在一家挤满客人的西班牙餐馆找到一个位子，坐下来吃了墨鱼、油浸鳝苗、火腿、炒蘑菇和一大盘海鲜饭。

　　她向侍者招手要账单时，一个年纪很小的女侍走过来跟她说：

　　"小姐，刚刚有一位先生已经替你付账了。"

　　她狐疑地看了一眼四周，没看到什么人正在看她。

　　"他人呢？"她问道。

　　"那位先生已经走了。"女侍回答。

　　"他长什么样子？"

　　"那位先生噢？他有六十几岁，白头发，矮矮胖胖的……"

　　"他有没有留下姓名？"

　　"没有噢。他付现钞的。"

　　她有点纳闷地站起身，拎着东西从西班牙餐馆出来。

　　她在餐馆里根本没见到什么老头。她知道那个女侍对她撒谎。是有人教她撒谎的。

　　雨停了。

　　她带着微笑，大步走路回去。

FIVE____05

第二天，喜喜把剪短了的头发染成褐色，她的一张脸看起来有点苍白。

随后的日子，她每天都离开旅馆去散步，吸收阳光和新鲜的空气，脸上的苍白渐渐褪尽。

每次在楼下大厅见到那个猎犬脸门房时，她表现得不冷也不热，免得对方怀疑她什么都知道了。

她又开始做首饰。她做了一套十二个星座的坠子。

一天，她约了碧碧喝下午茶。

碧碧比她大两岁，是她以前那个小舞团的经理。小舞团解散之后，碧碧转到艺廊工作，她认识很多行内人，一直有介绍喜喜去参加选角。

碧碧拎着一个提包走进咖啡馆来，一看到喜喜就说：

"很久没你的消息了！你失踪了啊？"

"没有啦！我哥哥在德国工作，我去跟他住了几个月。"

碧碧点了一杯牛奶咖啡，问道：

"西门庆跟潘金莲真的是天蝎男配金牛女吗？《水浒传》里面有这么写吗？"

喜喜把口里的咖啡吞下去：

"你说什么？"

"你上次说的！你说天蝎跟金牛注定有性没爱。"

喜喜想起来了。那天，碧碧要她把哥哥介绍给她，她只好胡扯一番。

"噢！是占星家根据野史推算出来的。"

"我最近认识了一个天蝎男呢。"碧碧自顾自说下去，"我把这事告诉他。他说，他才不是西门庆！"

碧碧说完，咯咯地笑了起来。

"我有礼物送你。"喜喜从包包里掏出一个黑色丝绒布袋，把里面的一对仿祖母绿耳坠倒在掌心里。

"送你的，祖母绿是金牛的守护宝石。"

"噢！好漂亮！是你做的吗？"

碧碧把耳坠钉到耳垂上，问喜喜：

"好看吗？"

喜喜笑着点头。

"你应该去当珠宝设计师啊。你有天分。"碧碧说。

"我喜欢跳舞啊。什么时候有选角你找我吧。"

"你多久没跳舞了？"碧碧突然问她。

喜喜哑了。

在夜总会里跳的那些不算数啊。

她的舞都荒废很久了。

"我待会儿去跳舞，那个老师很好，你要不要来？"碧碧问道。

于是，她跟着碧碧去学弗拉明戈舞。

那个女老师是从西班牙来的，只会在香港停留半年。喜喜在那个铺上木地板的教室里跳得汗流浃背。

不跳舞的日子，她到海滩去。

她穿着比基尼游泳衣在海里潜泳，躺在太阳伞下面读书。她读了厄休拉·勒古恩的《地海孤儿》，茨威格的《夜色朦胧》和施林克的《朗读者》。

施林克跟林克只差一个字，但那是从德文译过来的。

到了夜晚，她用一杯桃子味伏特加奖励自己。

喜喜：

你真是个让人意想不到的女孩子！

我的好妹妹，看来我不用再担心你了！

爱你的哥哥

这封信，喜喜看了两遍，才从哥哥的邮箱电邮给自己。

那个月底的跟踪报告，有几张照片是她穿着比基尼走在海滩上的。

她在照片中是个快乐的女孩，享受着年轻的光阴。

six__06

十一月的一天，喜喜终于有一个参加选角的机会。

她一大清早把舞衣和舞鞋塞进大如邮袋的包包里，搭电梯下楼。

她心情愉快，朝那个猎犬脸门房嫣然一笑。门房有点受宠若惊。他似乎想以笑回应，不过，他脸那么长，嘴巴又小，等到他两边嘴角向上延伸，露出腼腆的微笑来，也许要等上好几秒钟。

喜喜等不及了。她焦急想看看今天的占星栏怎么说。

她在报摊买了报纸，边走边读。

可是，这天的双鱼座占星没有透露任何玄机，没有"今天是你的幸运日！"或是"今天你会心想事成！"之类的打气话。

她转而读巨蟹座。有时候，你身边那个人就是你的一面镜子，可以照出你的模样来。

要是林克幸运，她也会幸运啊。

然而，巨蟹的占星并没有"身边的人今天会令你刮目相看，令你更欣赏他！"之类的说法。

她再读下去，读哥哥的天蝎座，却又再失望一次。天蝎的星座占卜没有"你的家人今天令你感到自豪！"这类话。

她收起报纸，走过教堂门口时，又退了回去。

她把两张百元钞票投进教堂的捐献箱里，捐给穷人，也祈求好运。

　　她走下教堂外面的台阶时，心中充满了希望。

　　不过，这一次的选角，一下子就结束了。

　　这是一出大型舞剧，会演出一年。她抵达剧院的时候，才发现高手云集。许多来参加选角的舞蹈员都是十几二十岁的，比她年轻多了。

　　她在更衣室里换上舞衣和舞鞋，战战兢兢地等在观众席上。前面几排座位上坐着舞剧的导演、副导演和工作人员，每个人都带着一张严肃的脸。他们要从超过一百个舞蹈员中挑出不足十个人。

　　舞蹈员零零散散地坐在剧院周围聊天。

　　喜喜偷偷转头，瞧见林克。他头戴鸭嘴帽，占着最后排一个阴暗的角落，混在其他几个来试镜的男舞蹈员中间。

　　可是，林克没机会看到她上台跳舞。

　　上午的选角结束，还没轮到她。

　　下午的选角开始了没多久，副导演就宣布，已经找到适合的人选，其他人可以离开。

　　喜喜根本没机会上台。即使可以上台，她也知道轮不到自己。整个上午，她看到的都是身手不凡的年轻对手。她在观众席上看得胆战心惊。

　　她卸下舞衣换回衣服，垂头丧气走出剧院。

　　午后阳光明媚，她瞥见头戴鸭嘴帽的林克混在对街巴士站等车的人群里。

　　喜喜越过马路，直直地朝巴士站走去，吓得林克马上掉头走进巴士站旁边的一个公园。

他干吗躲开啊？她只是沮丧得很想要一个怀抱。

但她知道那是不可能的。

一辆巴士刚刚驶来，她搭上那辆巴士。

她隔着玻璃窗，瞄到林克从公园里跑出来，怅然望着车子远去。

当她回到旅馆房间，从窗帘缝往下看的时候，林克早已经在楼下守护着。

他隔着教堂花园的围篱，跟那条黄狗喃喃说着话。

她想象他是在说：

"我不知道怎样安慰她。"

她离开窗，爬上床，打开电脑。

她的电脑里有一张林克在这下面看上来的照片，是某天她用她的相机从房间的窗缝里偷拍得来的。

她轻抚着电脑里的他的那张俊脸，手指在屏幕上留下了一个个指印。

这就是她的怀抱。

哥哥看她时也是这样的。

她住在养母家时，哥哥有时会来看她。

每一次，哥哥走的时候，她都会跑到爬满紫色藤蔓的阳台上目送着他离去。

哥哥会看上来，挥手叫她回去。

我终究是爱你的

午后阳光明媚，她瞥见头戴鸭嘴帽的林克混在对街
巴士站等车的人群里。

SEVEN__07

　　漫长的两年过去了。两个生日，两双长袜，七百三十篇占星栏，二十次参加选角落选，还是三十次？

　　其中的一次选角，喜喜窥见了命运精灵悄然留下的足迹。

　　那天，选角结束之后，她到剧院旁边的咖啡店买了一杯咖啡站着喝。一个女孩走进店里，看到她时，朝她微笑，走过去跟她打招呼。

　　喜喜觉得女孩有点面熟。她看来也是参加完选角出来的，外套里面的黑色紧身舞衣未脱。但是，刚刚剧院里有一大票人，喜喜对她没什么印象。

　　"你是路喜喜吗？很久没见了！"穿舞衣的女孩热情地说。

　　喜喜努力回想，女孩叫什么名字来着？贝蒂？玛丽？乔安妮？

　　幸好，女孩很快就自己报上名来。

　　"我是小夏！我很久以前在那个解散了的小舞团待过一阵子，你不记得啦？"

　　喜喜好像有些头绪，但女孩那张脸太普通了。

　　"那出舞剧，你为什么不演啊？"小夏又问。

　　喜喜听得一头雾水。

　　"哪一出？"

　　"不就是《恶魔的花园》啰！"

　　她没忘记，好多年前的那一天上午，她去参加《恶魔的花园》里其中一朵吃人花的选角。她没什么信心。下午的时候，她心情忐忑地回剧院后台去看告示板上张贴出来的入选名单。名单上没有她的名字。

　　"他们没要我啊。"喜喜说。

　　小夏笑了：

　　"唉！那一次，我本来也以为我落选了。名单上没有我的名字。我就是不甘心，伸手摸摸那张名单是不是只有一页，谁知道后面原来真的还有另一页，我的名字在上面！你的名字这么特别，我不会忘记。但你没来啊……"

　　那张名单总共有两页吗？

　　那天要不是落选了，她不会到撞球室去过夜，因此也不会知道戴德礼找过她。那么，到了第二天，她不会在律师行见到林克。

　　戴德礼也许早晚会找到她，她还是会继承养母的遗产，但是，她不会刚好在那天遇见林克。

　　要是没有遇见林克，而是去演那出舞剧，她的故事便是另一个版本了，一个她永远不知道的版本。

　　命运的精灵引她走上另一条路。

　　她隔着咖啡店的落地窗看向外面，那个穿蓝夹克的暗影在对街的商店外面徘徊。每一次她落选，他都陪她归去。

　　她转头问那个叫小夏的女孩：

　　"你今天也落选了？"

小夏一脸尴尬地说：

"不。我来买杯咖啡就回去。今天马上要开始彩排呢。"

小夏有点抱歉地转身走到柜台那边买咖啡。

喜喜拿着咖啡走了出去，越过马路，取道公园往东，幽幽地走在热闹的大街上。

她把空空的咖啡杯丢进垃圾筒里去，在书店买了一本雨果的《巴黎圣母院》。

十一月的晚风吹起了，林克在她身后的某处遛着她失意的影子。

她到底比较喜欢命运的哪一个版本？

EIGHT___08

为了挥去那股惆怅，为了挥去心里的失落，她在书店买了一本米兰·昆德拉的《不朽》。

书里其中一段让她深深着迷。

占星术似乎教我们要相信宿命——你无法逃脱你的命运！但是在我看来，占星术（请把占星理解为生命的隐喻）说的是更细致的东西；你

无法逃脱你生命的主题！

生命的主题！

要是她仍旧选择那一天走上戴德礼的律师行，却是早一步，或是迟一步，她和林克就永永远远不会相见。但她偏偏在她的命盘上跨出了那决定性的一步；或者说，她偏偏在那一刻停下了脚步，转身看向他。

于是，经过了这么多年，她那天回眸时看到的身影，始终守候在她百米之外。

这是她星座的命盘！

十二月初的一天，命运的顽皮精灵再一次踮高脚尖在她身边掠过。

那天，她在一间舞蹈室参加选角。

她落选了。

她收拾东西，离开排舞室，走在冬日斜阳里。一个高个儿的男人紧随其后，从舞蹈室出来。他有三十来岁，一头略呈波浪的天然柔软鬈发，夹杂着些许白发，一张脸轮廓分明，鼻梁上架着一副无框眼镜，肩上挂着一个背包，看起来像艺术家。

他带着微笑，直率地对喜喜说：

"落选了噢？"

喜喜刚刚在舞蹈室里见过他，但没见到他跳舞，不知道他是不是比她早到，已经跳完了。

她耸耸肩，问他说：

"你也是？"

他脸露尴尬的神情：

"我不是舞蹈员。我是拍电影的。我想拍一个舞蹈员的故事，那位编舞家是我的朋友，让我来看看选角的情况。"

她应了一声，继续往前走。

他赶上她，说：

"你愿意跟我谈一谈吗？我正在搜集资料。"

喜喜答道：

"你该去找刚刚那些入选的舞蹈员啊。"

他托了托鼻梁上的眼镜：

"我想拍一个失意舞蹈员的故事……"

她瞥了他一眼，不知道好气还是好笑。

终于，她说：

"你这人顶坦白。"

对方笑笑：

"这个算是我的优点。"

喜喜继续往前走：

"今天又不是只有我一个人落选，你去找其他人吧。"

"但你的舞姿很奇特。"

她瞧着他：

"奇特？这个我可以当作是赞美吗？可是，要是你说一头鹅走路奇特，鹅不会觉得你是在赞美它。"

"你不是鹅。你像歌德风格的画家画里的女人，小腹是微微鼓起的，仰望天空，头俯向地面，眼睛望着尘土。"

他挑起了她的好奇心。她禁不住摸摸自己的小腹，原来她有个小肚子吗？怪不得她每次参加选角都落选。

她对这个说她的小腹仰望天空的男人油然生出了一份好感。当他问她是否可以请她喝一杯咖啡时，她欣然答应。

两个人去了几步之外的一家小小的音乐咖啡馆。

喜喜看到音乐咖啡馆的角落放着一座自动机器。

那是一部像点唱机的机器，里面旋转着一个电灯泡。她从荷包里找出五块钱，投入那座机器，一张粉红色的小卡片吐出来：这是你的个性。

喜喜念道：

"你乐观的性格感染身边的人，经常为别人带来欢笑。人生中美好和幸福的事情都有你的一份。但是爱热闹的你，有时难免缺乏深思熟虑。"

她望着那张小卡片皱眉：

"不准！不准呀！"

她转头问他：

"你要不要投币试试看？"

他笑了：

"你不是说不准吗？我不相信这种随机的偶然。"

"那你相信什么？"

"我相信自己的意志。"

他们在咖啡馆里从偶然谈到意志，从意志谈到命运，又从命运谈到占星术和生命的主题，谈得很投契。

他是列文，一个美籍华人，居于洛杉矶，在美国拍小成本电影，来香港探望朋友。

他是天秤座。

天秤都爱美：美丽的人和美丽的东西。

他深深为她着迷。两个人连当天的晚饭都在咖啡馆里吃。

"黄道十二宫图的形状，刚好就是一个时钟的钟面……"喜喜用指尖在木桌上画了一个钟面，比画着说道，"我们都在这个钟面上。一个人出生的一刻，星球之间会形成独特的位形，这个位形就是你一生永恒的主题……"

列文虽然不见得认同，还是饶有兴味地听她说。

后来，他离开一会儿上洗手间。

就在那短短的几分钟，她突然觉得空虚，渴望他快点回来。

爱情是从这一刻开始的。

她一直望着他将会回来的方向。几分钟之后，列文回来了，他迈着大步，朝她微笑。空虚的感觉一扫而空。

不过，这段恋情非常短暂，时针只是在她人生的钟面上走了七个钟头。

七个钟头之后，列文要搭飞机回洛杉矶去了。

两个人在咖啡馆外面道别。列文答应会写信给她。

七个钟头了，林克一直在咖啡馆附近等着。她目送列文的出租车一路远去时瞥见他在前方。

她朝那辆车子挥挥手。有两个人同时向她挥手。

一个是坐在车厢里的列文，他隔着车子的后窗回应她。

另一个是林克，她好像看到他在前方怯怯地对她挥手。

因为喝了太多咖啡，那个夜晚她睡不着，一度憧憬美国的生活。

随后的三个月，列文的信从未间断。

二月底的一天，喜喜收到列文寄来的一张往洛杉矶的单程机票。

这时，她正在温暖的旅馆房间内。

她走到窗边，从窗帘缝朝外望，看到林克在下面。他双手插在裤子的两个口袋里，隔着教堂花园的围篱喃喃跟那条黄狗说着话。

他身上蓝夹克的衣领翻了起来，外面刮着二月冷冽的风，他哆嗦着。

她把那张机票退了回去。

□
□
□
□
□

我终究是爱你的

占星术教会我们相信宿命论：你将逃脱不了你的命运！

NINE___09

三十岁生日的那天，她给自己买了一双袜头缝了蕾丝花边的黑色长袜。

哥哥的生日卡也是这天电邮到她的邮箱。

喜喜：

你又大一岁了！

在哥哥的心中，你永远年轻！

还记得那年的寿包子吗？

下一年生日，

哥哥再做给你吃好吗？

生日快乐。

爱你的哥哥

下午，她搭车去了哥哥以前工作的那家小餐馆。

小餐馆不见了，附近的商店也面目全非。他们在那儿盖起了高楼大厦。

她绕着大厦走，以前那家小餐馆的后巷如今变成了露天广场。

她曾在这儿留下了时间永远洗刷不掉的记忆。

十六岁离开孤儿院后，哥哥在这家小餐馆当厨师学徒。那时候，她住在养母家。放学后，她常常来看哥哥。

哥哥会偷偷拿东西出来给她吃。两个人坐在餐馆后门的台阶上聊天。

十一岁那年的生日，哥哥在这里做了寿包子给她，每一个都像桃子般漂亮。

哥哥说：

"是师父教我做的。好吃吗？"

她坐在台阶上点头，吃得津津有味。

"你师父对你好不好？"她问哥哥。

哥哥笑笑说：

"当然好！他说我有做菜的天分，他教我的特别多。"

"哥哥，你也吃！"

哥哥拿起一个包子塞进嘴里。她看到他那双手因为常常泡在水里，变得红肿皲裂。

"哥哥，我不想住在那个人家里，我可以搬来跟你住吗？"

"餐馆宿舍里住的全是男人，你一个女孩子怎能住这儿？"

"我们可以搬出去啊！你现在出来工作，不是有钱了吗？"

"我的薪水哪里够我们两个人生活？而且，你还要读书呢。"

她嘬着嘴：

"我实在没法再忍受那个人多一天！"

为了跟哥哥一起，她常常夸大其词，把养母说得很差劲。

"等我赚到钱，我再来接你走好吗？"哥哥说。

一颗眼泪从她脸上掉了下来，她低声说：

"那要等到哪一天啊？"

TEN___10

她的转折点也是三十岁这一年发生的。

九月的一天，她到剧场参加一次选角。那出舞是讲一个艳舞团的故事。

她在台上跳了一段独舞，冒出一身汗。

她回到台下，用一条小毛巾抹去额上的汗水。

当她从导演和他那个助手身后走过时，他们没看到她。她听见那个男导演跟他的助手说：

"这个有点老了吧？我们要的是一群小舞女。"

事情就是在她猝不及防的时候，这么残酷地发生了。

她从剧院出来，打着伞在雨中徘徊。路上行人的伞好几次粗鲁地把她的伞撞开了，雨水溅到她脸上和头发上。

那天是她最后一次参加选角。

她以后再也没有回那座剧院或是任何一间舞蹈室了。

有一阵子，她加入了一家俱乐部。

那家俱乐部只招待女性。

她每天在俱乐部里做三个钟头的运动，然后到蒸汽浴室里把自己烤一烤，让身上多余的脂肪跟着汗水一起挥别。

一天，她赤裸裸地坐在蒸汽浴室里，一条毛巾遮住私处。

另一个女人走了进来，跟她面对面坐着。女人有一对大胸脯，颜色深而大片的乳晕和圆滚滚的大腿，把毛巾铺在蒸汽浴室的一排板条椅上之后，光溜溜地坐了下去。

女人看她看了很久，看得她开始有点不自在。

对方突然开口说：

"你是路小姐吗？"

她不记得什么时候见过这个女人。

"我是戴德礼的秘书茱迪。"

喜喜想起这张脸了。她好像只见过茱迪两次，她两次都有穿衣服。

茱迪主动说：

"我没在戴德礼那儿上班了。"

喜喜露出好奇的神色。

茱迪抹了抹肚子上的汗水，好像有满腹牢骚想要倾吐似的。

"我受不了长期当他其中一个情妇！"

喜喜吃了一惊。虽然有几年没见过戴德礼，只跟他用电邮和电话联系，但是，记忆中这个小精灵是那么小，像个老小孩……

茱迪好像猜到喜喜心里在想什么。她恨恨地说：

"你别看他这样……他挺勇猛……"

喜喜忍住不笑。

茱迪又说：

"你小心他！我早就想跟你说了！他一直骗你的钱。那些账单都是经我手电邮给你的。他收的钱比私家侦探社还要多，而且，所有的开支他都加大了数目。你别看他一副诚恳的模样，他这人坏透了！你都没怀疑过那些账单吗？那么大的一笔钱！"

喜喜只关心一件事。

"林克知道吗？我是说我雇他跟踪我的事……"

茱迪抹了抹颈上的汗珠答道：

"他不知道，侦探社那边也不知道，他们乐得有一个长期顾客。戴德礼虽然坏，倒是个守口如瓶的律师。阴沉又自私的人通常嘴巴都很紧的呀！这几年，他生意愈做愈大，办公室也愈搬愈大，但我连他一共有几个银行户头，一共有多少身家都不知道。我敢肯定，连他老婆也不知道！"

喜喜松了一口气。她很少去注意戴德礼给她的那些账单上的细节。她只知道，只要按时缴付那些账单，她每天打开窗子的时候，便会看到那个穿蓝夹克的身影。

他跟她哥哥看起来是同年的，他们几乎拥有一样的孤独眼神。

要是时光倒流，也许她当天不会雇林克跟踪她，而是走上去认识他。

然而，过了那么多年，已经回不去了。

茱迪说：

"你到底为什么找人跟踪自己呢？雇一个保镖还比较划算啊！"

喜喜不想回答这个问题。

"这里热死了！"她拎着毛巾赤条条地站起来，好像是说：

"你都这样看到我的身体了，还要看我的心吗？"

她走出蒸汽浴室去淋浴。

淋完浴，她收拾东西悄悄溜走了，以后再没有回那家俱乐部。

ELEVEN___**11**

十月的时候，喜喜逮到一个跟踪者。

那个戴一顶拉得很低的白色鸭嘴帽，穿短夹克和牛仔裤的家伙，几乎是一开始就给她发觉了。

喜喜按兵不动，等了两星期才出手。

她暗暗替那个身材瘦削的家伙起了名字叫鸭嘴兽。鸭嘴兽每次出现都戴着耳机，手臂下夹一份报纸来掩饰。

喜喜在旅馆外面和酒馆附近见过他。她在街上漫步时也看见他。有几个夜晚，她在房间的窗帘缝往下看时，见到那颗戴着白色鸭嘴帽的脑袋在街灯下面轻摇着。

有一天，鸭嘴兽甚至大着胆子在她四楼房间外面的走廊出现。喜喜从门后面的孔眼看到他，鸭嘴兽好像想找出她住哪个房间。

喜喜想看看鸭嘴兽长什么样子。但鸭嘴兽的一张脸藏在帽子的暗影里，她看不清楚。

后来，隔壁的住客回来，把他吓跑了。

鸭嘴兽跟踪她的时候跟得笨手笨脚，从来就不懂得留在安全的距离之外。林克比起他高明多了。

可是，喜喜不明白，林克为什么不出手。

她只好自己来。

她不怕那家伙。鸭嘴兽笨成那个样子，也许从来就不知道，他跟踪她时，还有另一个人在后头。

那天晚上九点二十分，喜喜从旅馆出来，假装没看到鸭嘴兽。

她沿着人行道往北走，引他走上一条僻静的长街。

　　转到一个拐角时，她躲在拐角的暗影里，站着不动，在那儿等着鸭嘴兽自己走进笼子来。

　　鸭嘴兽果然上当。他走到拐角时还以为跟丢了喜喜，慌张地看了一下四周。这时，喜喜突然扑出来抓住他一条手臂，吼道：

　　"你是谁？"

　　鸭嘴兽吓了一跳，想挣开来逃跑。喜喜不让他跑，两个人纠缠的时候，她把他头上的鸭嘴帽扯了下来。

　　帽子下面的一把长发披散了开来。

　　她做梦也没想到鸭嘴兽竟然是个女的。

　　这个女鸭嘴兽看上去只有二十岁，一张有点苍白的脸和一双惊慌的大眼睛，身材瘦小。她刚刚抓住她那条瘦巴巴的手臂时就已经觉得奇怪。

　　"你干吗跟踪我？"她没放手。她以为女鸭嘴兽会否认。

　　鸭嘴兽却直直地说：

　　"我喜欢你……"

　　喜喜一时哑了，红着脸放开那只手。

　　怪不得林克一直不出手。他这时一定是躲在附近大笑呢！

　　鸭嘴兽没逃跑，整了整歪到一边的衣领，重新戴上帽子，把一头长发藏了进去，说：

　　"我那天在酒馆外面见到你之后就一直跟着你，没有任何目的……我以前从没做过这种事。你不喜欢，我不跟就是了。"

喜喜把掉在地上的报纸捡起来还给鸭嘴兽，指了指对方甩在肩膀上的一边耳塞，问她说：

"你听的是什么？"

鸭嘴兽把那个耳塞递给她。

喜喜将耳塞凑到耳边去听。

原来，鸭嘴兽是在听歌。她还曾经以为是什么通信器材。

"这歌好听！"喜喜摇着头说。

鸭嘴兽摸着扁扁的肚子朝她腼腆地笑。

喜喜问道：

"我刚刚是不是弄伤了你的肚子？"

"不……不是……我肚子饿……我等你等了一晚……"

"走吧！我们去吃饭！我请客！"喜喜说。

两个人在一家印度馆子吃了烤鸡、咖喱虾、咖喱鱼、羊肉炒饭、马铃薯沙拉、印度面包和冰激凌。鸭嘴兽饿得好像可以吞下一头牛。

鸭嘴兽也是一个双鱼座，还在念书，逃学来跟踪她。

又是一个只要做梦就能过活的双鱼座！

有那么一刻，喜喜觉得好像从鸭嘴兽身上看到了自己。

她问鸭嘴兽：

"你跟踪我的时候，心里都在想什么？"

鸭嘴兽用一只小银匙挖了一口冰激凌，塞进她那个樱桃小嘴里，说道：

"就是觉得很幸福啊！虽然大部分时间都只可以看到你的背影。"

喜喜明白了，原来是这个感觉。

后来，她们在餐馆外面道别。

喜喜微笑说：

"对不起，我还是喜欢男生。"

鸭嘴兽失望地噘噘嘴。

临别的时候，她突然问喜喜：

"我可以摸摸你的头发吗？一直跟在你后面的时候，我最想做的就是这件事。"

喜喜禁不住伸手摸摸自己的栗色长直发。她羞涩地笑笑，点头表示允许。

鸭嘴兽伸出一只瘦骨嶙峋的手摸了摸她的头顶，快乐地说：

"跟我想的一样……"

"呃？"

"很厚，很柔软……"

鸭嘴兽摸完，满足地缩回她那只手。

"再见啦！"喜喜说。

她双手插在身上风衣的两个口袋里，沿着人行道走，越过一个十字路口。

几部夜车在她身后驶过。

夜已阑珊。

她是不是已经老得只有女孩子才会爱上她啊?

这些年来,林克是不是也想过伸出手去摸摸她的头发?

前几天,她在浴室照镜时,无意中发现头顶上长出了几根白发。

她惊骇忧愁了许久,想起以前负责管理孤儿院图书室那个懒惰姑娘。那个姑娘常常拿一面小镜子,把头上的白发一根根拔掉。

喜喜动手将那几根白发塞进她的黑发里,自欺地把它们藏在底下看不见的地方。

但她以后再也不能不染头发了。

她想起她从来就没有摸过林克的头发。要是可以,她想摸摸他颈背上那短短的,像胎儿毛似的发脚。有时候,她从房间的窗帘缝看下去,他刚好背对着她,低垂着头跟教堂那条黄狗说着话,或是逗它玩,她看到的就是这个地方,软绵绵的,看上去好可爱。假使能够用手摸摸的话,她会觉得很幸福。

TWELVE___ **12**

这一年的圣诞，喜喜买了一双皮手套寄给哥哥。

她在邮包里附上一张圣诞卡。

亲爱的哥哥：

天气冷啊！

你要多添衣服，小心保重。

我好想你。你什么时候回来？

永远爱你的喜喜

她在邮包上写着：

芬兰圣诞老人村

路明先生收

然后，她把邮包投进邮筒里。

圣诞前夕，她去看了歌剧《孤星泪》。

圣诞那天，她中午离开旅馆，带着一束郁金香到墓园去看养母。

她放下手里的花，坐在坟头读托尔斯泰的《复活》，一直读到夕阳西下。

夜晚，她在酒馆里干掉了三杯桃子味伏特加。林克在吧台那边喝白兰地，做数独。

这天的占星栏写道：

节日的气氛热闹，

这是个与亲人和朋友欢聚的日子，

你却备感孤单。

十一岁那年的圣诞，她去餐馆找哥哥，她在后巷里等着。哥哥偷偷拿了鸡腿和排骨出来给她。

她坐在后门的台阶上，没胃口地吃着，再一次催促哥哥：

"你什么时候才接我走啊？你知道吗？那个人成天恐吓说她不要我了！她要把我送回孤儿院！我死也不要回去！"

她说着说着呜呜地哭了。

哥哥默言无话，双手绞在一起。

哥哥是爱她的，终有一天会回来接她。

她年纪愈大，愈是这么相信。

THIRTEEN__**13**

寄给哥哥的那个邮包在第二年的圣诞退了回来。

天杀的！

一年后才退回来？他们把她的邮包送去环游世界吗？

她在旅馆房间的床上拆开邮包。

那双送给哥哥的皮手套和附在邮包里的圣诞卡安然无恙。

她在"永远爱你的喜喜"后面，加上了两行字。

又一年的圣诞了，

哥哥，永远想你。

她在邮包上面又清清楚楚地写着：

北纬六十六度三十三分，芬兰罗瓦涅米圣诞老人村路明先生收

她把邮包投进邮筒里，没写回邮地址。

然而，即使她写上了回邮地址，也是退不回来的。因为，她住的荷西旅馆在圣诞夜起火了。

那天晚上十二点钟，她在酒馆里一杯续一杯，总共干掉了七杯桃子

味伏特加。林克干掉了四杯白兰地。孤独的日子过得太久了，她发觉酒是她最好的朋友。

她离开酒馆，一路摇晃地回去。教堂里亮着灯，在她经过时荡来悠扬的圣诞诗歌。

那条黄狗趴坐在教堂外面的台阶上。

它认得她，朝她摇尾巴，却又不失庄重。

她回到旅馆房间，衣服没脱，醉醺醺地倒在床上。

午夜三点钟，隔壁房间起火的时候，她昏睡在醉乡里，浑然不知。直到浓烟一瞬间从门缝里蔓延进她的房间，把她熏醒。

她张开眼睛，看到房间里到处都是烟。她用手掩住嘴巴不停呛咳，瑟缩在床头哭泣，眼睛渐渐睁不开来。

哥哥，林克，占星栏，伏特加，《星夜》，再见了！

猝然之间，一个人撞开门冲进来，用一条湿毛巾盖在她鼻子和嘴巴上，卷起被子把她裹着抱起来奔出走廊，穿过黑蒙蒙的浓烟，沿着楼梯拼命往下跑。她满脸泪水，头靠他的胸腔里，双手勾住他的脖子，摸到他颈背上软绵绵的流着滚烫汗水的发脚。

她脸露惨淡的微笑，抓住那个地方不放手。

她终于摸到他了，模模糊糊看到他那张被烟熏黑了的脸流露出焦急紧张的神情，好像害怕她会死。

她醒来的时候，发现自己躺在医院病房的一张床上。

凡·高的《星夜》挨在床边的白色矮柜上，完好无缺。花瓶里插着一束新鲜的红玫瑰。她的粉红迷彩行李箱和那个像邮袋般大的包包就搁在床边。

她缓缓坐起身，拉开床边的抽屉。她的手提电脑也在这儿，幸好她上了密码，没有人能够打开来看到里面的东西。

她咳嗽了几声，觉得喉咙疼痛干涩。

护士看到她，微笑说：

"路喜喜，你醒了啊？"

对方倒了一杯水给她，又给了她几颗药丸。

喜喜用水把药吞了。

"你已经睡了两天。医生吩咐让你睡。"护士说。

"这束花是谁送来的？"她沙哑着声音问道。

"是个男的。"

"他长什么样子？"

"是个高个子，穿一件蓝夹克，挺帅的。昨天早上你睡着的时候来过，今天早上又来过。我还以为是你哥哥或者男朋友呢。"

当天下午，喜喜带着那束红玫瑰、《星夜》和行李离开医院，搭上一辆出租车。

她住进橡树旅馆五一一号房。

门童替她把行李拿到房间，她打赏他小费，跟他要了一只花瓶，把玫瑰插在花瓶里，放到床边。

　　她丢开墙上那张橡树挂画，把《星夜》挂上去，溜上床，不一会儿就倦倦地睡着了。

　　林克在第二天找到她。

FOURTEEN___**14**

　　她下午两点钟离开旅馆时看到他，他坐在旅馆大厅的一张沙发上，打开一份报纸遮住脸。那双长腿交叠着搁在地上。

　　她假装没看见，迈着轻快的步子从他身旁走过。

　　她去买了做首饰的材料。

　　夜晚，她在附近的酒馆喝桃子味伏特加。

　　酒馆里有一部古老的点唱机，她每晚都投币点唱。

　　这段日子，总共有四个男人跟她搭讪，她没理会他们。

　　她在橡树旅馆只住了短短的两个月。

　　一天早上，她接到银行职员打来的一通电话。

　　对方在那一头说：

　　"路小姐，你有一张票子转不过来，你今天之内可以把钱存进你的户头吗？"

她说道：

"我户头里有钱啊。"

"路小姐，我想你有点误会了。目前你户头里只有港币五千二百一十元零七角。"

她怔住了。

她去了银行，结果证明银行没错，她的户头里只剩下那个数目。

她想起戴德礼的秘书情妇茱迪告诉她，戴德礼一直在骗她的钱。

这个恶毒的小精灵！

但那是她自己心甘情愿的。

这些年来，她度过了许多无所悔恨的时光。

她在第二天退了房，拎着行李搬到一家名字叫小巴黎的廉价旅馆。

房间里只有一张窄床和一个五斗柜。

她把《星夜》挂在门背后的钩子上，然后坐到床边打电话给戴德礼。

"戴律师，我是路喜喜……"

"路小姐，找我有事吗？"

"我没钱了……"

对方没说话。

喜喜继续说：

"我的意思是，我付不起请私家侦探的钱了。"

他无情地试探：

"那是不是要林克停止跟踪你？"

她好不容易才答道：

"是的。"

"那我明天通知私家侦探社。"他一副公事公办的语气。

"就这样办吧。"她低声说。

挂线前，这个恶精灵假惺惺地说：

"路小姐，以后你有什么需要的话，随时找我。"

"我没有其他需要了。"她挂断电话。

这天晚上，她在附近那间嘈吵的酒馆干掉了半瓶桃子味伏特加，一直坐到打烊。

林克在吧台那边喝白兰地，做数独。

她害怕以后再也见不到他了。

她一头醺醺醉意地走路回旅馆。

凌晨四点钟，无人的漫漫长街上，她知道林克走在她后头，最后一晚遛她的影子。

她回到旅馆的房间，抵住窗边，隔着窗帘缝偷看他独自归去的背影。

她想起许多年前，他头一天开始跟踪她的那个夜晚，她也是这样目送着他离去，用她的眼睛占领了他的背影。

她想起在北海道钏路茫茫无边际的雪地上，她哭着伸手去后面想把被风吹开了的大衣帽兜拉回头上去。她拉了好几次都拉不到。最后一

□
□
□
□

我终究是爱你的

他们一起走过了万水千山，脚下茫茫……她一度以为他是能够结束凄
苦无依和漫漫长夜的那个人。

次，她觉得她好像碰到了一只手，那只手帮她提了提帽子。

她想起荷西旅馆起火的那个圣诞夜，他抱着她拼命奔跑下楼梯，她抓住他的颈背，张开眼睛，看到他脸上淌满汗水。

他们一起走过了万水千山，脚下茫茫……她一度以为他是能够结束凄苦无依和漫漫长夜的那个人。

她从来就没有认清一个事实：他毕竟是她用钱雇来的。床头金尽的一天，她终归要失去他。

再见了，林克，再见。

她痴笑醉倒在床上，溃不成军。

FIFTEEN__15

六个钟头之后她醒来。

她的一颗心翻腾着走下床，从窗帘缝偷偷看出去，目光所能抵达之处，再也没有他的踪影。

她枯站在窗边，不知道今天和以后的日子要怎么过。

她又打回原形了。

孤寂永随，这是她的星座命盘，生命永恒的主题！

她溜回床上，一整天都没出去，喝光了房间里的那几瓶小小的样品酒，其中一瓶是纯味伏特加、一瓶呛喉的白兰地、一瓶难喝的威士忌和一瓶味道怪怪的薄荷酒。

第二天，她醉茫茫地醒来，拖拉着脚步回到窗边，推开窗看下去，赫然发现他。

她慌忙缩回来关上窗，隔着窗帘缝再看一遍。

是他。

他穿着一样的蓝夹克，在对街徘徊，没发现她看他。

她看他看了很久。

他是来跟她道别的吗？

她换好衣服，离开房间，走出旅馆，在街上逛了一圈。

林克就像过去每一天一样，在她百米之外，不曾离开。

第三天，第五天，第七天，他照样每天来。

他们一起穿过渐深的暮色，走过夜色朦胧的寂寞长街。她在酒馆里喝桃子味伏特加，他喝白兰地。她又开始重读《生命中不能承受之轻》，书已经有些破烂卷角。他继续做数独。

他离去的背影在昏黄的街灯下渐渐消逝，天亮的时候又重回她眼前，不曾跟她说话，也不曾道别。

第八天，她打电话给戴德礼，问道：

"戴律师，我是路喜喜……你是不是已经通知侦探社那边不要再派林克跟踪我？"

"我已经通知了。他们这几天都找不到林克，他没去上班。他是不是还在跟踪你？"

"没有。"她挂掉电话，心中感到无限平静。

这一天，她手头的钱也用光了。

她一大早离开旅馆去找小绿，想取回寄卖首饰的钱。

然而，当她抵达饰品店的时候，发现那儿已经变成了一家二手皮包店。

她问店面那个脸生的女孩以前那家饰品店怎么了。女孩回她说，听说饰品店生意不好，三个月前就倒闭了。

怪不得小绿的手机停用了。现在还可以到哪里去找她啊？

喜喜彷徨地从店里走出来。

那笔小小的钱原本是她最后的希望，如今却没有了。

旅馆没法再住下去，她回去打包行李离开。

她拖着行李到墓园去，坐在养母的坟头上读那本《生命中不能承受之轻》。

暮色深沉，她从墓园出来，走了一大段路，吃了两个甜面包，到公园的水机喝水。

喝完水，她坐到公园的长椅上，在一盏街灯下面看书。

夜深深，公园关门了，她拎着行李出来，沿人行道走。

这时，她抬眼看到一家二十四小时营业的麦当劳。

SIXTEEN 16

喜喜用行李占住角落的一个位子，买了一杯咖啡，继续看书。

她瞥见林克坐在遥远的另一个角落，背着她，应该正在做数独。他面前有一排镜子。

半夜三点钟的麦当劳，零零散散地坐着一群不愿回家的男孩和女孩，叽叽咯咯笑着，大声说着话。有几个流浪汉趴在桌上睡觉，甚至还打鼾，没人理会。

她累垮了，把包包紧紧抱在怀里，挨在手臂上打盹。

她不知不觉睡着了。

醒来的时候，她发觉自己头埋桌子上，脸庞下面好像压着一样东西。

她抬起头。那是一个麦当劳的纸袋。

她不记得她睡着之前桌上有个纸袋。

纸袋里头鼓鼓的，她好奇地打开来看，里面有一沓钞票。她数了数，总共有一万块钱。

她看向林克那边，他背对着她，但是，墙上那一排镜子照出他的身影。

他正低着头喝咖啡。

他给她钱！这个傻瓜！笨蛋！

　　她拿着他给的钱离开麦当劳，住进一家廉价旅馆。

　　不过，她在那儿只住了一夜。

　　她一大早趁着林克还没回来就打包行李退了房，搬到老远邻近红灯区一家简陋的日租小旅店，用一个假名登记。

　　她不想负累他。

　　她也不想他看着她凋零。

　　再见，林克，再见了。

　　也许这是她今生唯一一次做到了。她在最好的时候转身离开，在对方心中留下时间永远刮不落的身影。

　　她在局促的房间里翻开了行李，只留下《生命中不能承受之轻》和《百年孤独》两本书，把其他的书装进行李箱里，拿去捐给救世军。

　　那个认得她的女职员说救世军不要书。

　　她想问，为什么衣服和家具是必需品，书却不是。

　　但她没问。

　　那个女职员爱书，要了她的书。

　　她把书从行李箱搬出来的时候，一角发黄的报纸从其中一本书里掉了出来。

　　她弯身捡起那一角报纸。

　　高级酒吧诚聘钢管舞娘，

　　样貌端正，

无须经验，

可提供训练，

工作自由，

薪水优渥。

她悲怆地笑了。

多年前的那天，她山穷水尽，撕下了报纸上的这则广告。

如今她又山穷水尽了。

喜喜摇身一变成了美艳的钢管舞娘。

她染了一头刘海儿齐颈的红发，把身子塞进去那套分成两截缀着流苏的性感舞衣里，露出一大片白皙的胸口和纤细的腰肢。

她的脐眼有如小花蕾，穿着黑色渔网吊袜带的长腿，套上一双酒红色的麂皮高跟长靴。

她夜夜在那个镶满彩色灯泡，一直发亮延伸到吧台的长方形舞台上，缠绕着一根冰凉的钢管起舞，卖弄着成熟却又天真的风情。

　　她在酒吧里的艺名叫珊儿，是来应征的那天随便想到的。

　　应征的那天，那个女领班要她跳一段独舞看看。

　　这一次"选角"，她终于"入选"了。

　　那个大家都叫她"妈妈"的女领班瞄了一眼她身份证上的年龄，对她说：

　　"三十二岁是大了些，不过，你身段好，会跳舞，那几个臭丫头没有一个真的会跳舞！而且，你胜在有一双脆弱的大眼睛，男人看了会心软！你的嘴唇却很叛逆！"

　　然后，妈妈说：

　　"这里没有舞娘会用真名，你打算叫什么名字？"

　　于是，她变成了珊儿。

　　年逾六十的胖妈妈一身过时的风情。她脸上的妆永远煞停在她年轻美丽的那个时代，太厚太白，胭脂涂得太红，两条粗黑的眼线直插鬓角。这双火辣的眼睛好像已经饱览过人世间一切情爱，心底再也起不了波纹。

　　因此，她反而擅长古老的伎俩，教导喜喜如何用舞步挑起害羞男人的激情，满足性狂热男人的窥私欲，安抚孤寂的男人，也用她那双脆弱大眼睛鼓舞没有爱情的人。

　　喜喜跟着妈妈的话去做，而且做得出色，客人都为这个新来的舞娘着迷。

　　人生多么地讽刺啊！她曾在另一个舞台上饱尝被冷落的滋味，如今却在这间酒吧里赢得了无数仰慕的目光。

妈妈喜欢她，替她挡开了一干给她迷得神魂颠倒的仰慕者，为她省了不少麻烦。

她开始存钱。

没轮到她出台的时候，她在后台那个荡着廉价香水味的化妆间里读书。

多年以后，她又再读《百年孤独》。

妈妈说，她是第一个会读书的钢管舞娘，问她家里有什么人。

她告诉妈妈，她只有一个哥哥，在西非开小型运输机。

她又说了那个长颈鹿流口水的故事。它横躺在机舱里，脚顶住舱门，一滴口水从飞机起飞到降落都还没有流到脖子去。

妈妈笑得花枝乱颤，全身的五花肉起了一阵波动。

"哥哥和我每年都会相约在一个地方见面。"她说。

时光是否永远失落？永难唤回？

她一直惦记着林克，回首远去的日子，心里油然兴起绝望的哀愁。

EIGHTEEN___18

林克在失去她十四天之后终于找到她。

她出台的时候没发现他。

那个驻场的中非混血歌女就像过去每个晚上一样，唱着苍凉的情歌。

喜喜抱住那根亮晶晶的冰凉钢管，把绝望的哀愁和永无止境的思念化成灵魂深处的舞步。她的乳房仰望天空，眼睛俯视尘土，那双在灯影下闪着眩人亮光的长腿一脚踏在爱情的荒漠上。

她美得惊人，这份美是岁月打造出来的。

她一根钢管换一根钢管，一直舞到吧台前方。吧台两旁数十双欲望的眼睛贪婪地仰视她。她痴笑轻狂，回首顾盼，猝然看到了他。

她失神了一下，抓住钢管，以一个轻笑掩饰过去。

林克找到她了。

他是怎么找到的？

天啊！她难道忘了吗？他是侦探。

也许她一直都在等他。

她把他一路引来这里，就像一个人向一只猫抛出一个好玩的毛线球，明知道那只猫终归会受不住诱惑跟来。

季节变换，时光荏苒，她从来就没有停止过把这个男人捆绑起来作为爱的对象。

　　如今他们两个人都老了。

　　她舞到他跟前，抓住钢管，朝他对面那个男人抬起一条腿。那人想伸手摸摸她的靴子，她扬起头嗔笑，用鞋尖轻轻踩了踩他的肩膀，引来一阵笑声。

　　这时，她双手抓住一根钢管，朝林克转过身来。往日天涯，而今咫尺。她俯视他，他仰望她，两个人之间只隔着几厘米的距离。他今夜喝的是桃子味伏特加。她的眼睛试探着他的目光。他那双多情的眼睛曾经透露着亘古的孤寂，如今却因为寻找她又多了一份失落，也因为嫉妒而发红。

　　她看得心都碎了，倾身在他一人面前起舞。

　　她不是说过了吗？嫉妒是爱情的徒刑。

　　她对他舞得太久，身后的人都开始鼓噪。

　　她把自己抛向另一根钢管，跳着销魂伤心的舞步，心中始终带着他的影子。

　　那个歌女唱着每天晚上都会唱的一首歌：

　　　那个长夜，

　　　漫天星宿，

　　　得睹芳容，

　　　魂摧魄折，

　　　想认识你，

想爱你，

想守护你，

换几声欢笑，

一场热泪，

告别飘摇无根的生活。

我不是暗影，

我是归人，

我，终究是爱你的。

　　她扭动身子舞回去，抓住一根钢管在他眼前滑开来，俯身跟他面对面，凝望他的眼睛。

　　要是再有人敢因为她独独看他一人而鼓噪，她是有可能放一把火把这里烧掉的。

　　她拿起他面前那杯伏特加，贴着唇边，轻轻啜了一口酒，眼睛从酒杯上看他。

　　"先生，我们见过面的吗？"她的声音微颤，她的气息在他脸上低语。

　　没等他回答，她放下酒杯，抓住那根钢管，转了一圈。其他人纷纷朝她递起酒杯，想她也喝一口。她没喝，嘴角一咧笑了。

　　她回转到他跟前，继续问道：

　　"你是不是常来的？我们在这里见过吗？"

　　多年以来，两个人第一次对话。他眼里忧郁的神情消散了些，低声说道：

"我第一次来……我找这里找很久了。"

她一笑嫣然，抓住一根钢管，如蝴蝶般对他展翅盘旋，喃喃说：

"那么，我们会不会以前在什么地方见过？东京？北海道？下雪的夜晚？还是火车上？"

她屈曲一条腿，与他等高。她的眼睛亮得像星星，在他眼里辉映着光芒。

她看他竟看出了乡愁来。

这一生，她只爱过一个人，后无来者。

她朝他伸出一只修长的手，温柔地用手指划过他颈背上软绵绵的发脚，然后微笑舞着起来，收回那只手。

其他人嚷着也要她摸摸。她淡淡一笑，傲然扬起粉扑扑的下巴，一路舞回舞台的另一端。

我不是暗影，

我是归人，

我，终究是爱你的。

长方形舞台上的灯在她身后一盏盏熄灭，送她翩然归去。

她满脸汗水，垂首不语。

爱情是一百年的孤寂，直到遇上那个矢志不渝守护着你的人，那一刻，所有苦涩的孤独，都有了归途。

NINETEEN___**19**

喜喜走回后台，妈妈在走廊上一直追着她，好奇地打听：

"刚刚那个男人是不是你男朋友？"

她没回答。

"是旧情人？"

她没回答，闪身进化妆间，把门从里面关上，笑着从门缝说：

"妈妈，我要换衣服！"

她听到妈妈在外面咕哝了几声。

她坐到一把椅子里，脱掉脚上的长靴，用一张手巾纸抹掉脸上淋漓的汗水。

这时，外面有人敲门。

她看向门那边大声说：

"妈妈，我不想说呀！"

敲门声依然继续。

她不情愿地站起身去开门。

"我说了不想说……"

她打开门，站在门外的不是妈妈，是一个陌生男人，约莫四十岁，一张方形脸，身上穿着米色的风衣，目光炯炯。

"你找谁？"她随手抓起一件外套披在身上。

"你是不是路喜喜小姐？"

她怔了怔，答道：

"是的，请问你是谁？"

那人亮出证件。

"我是北区重案组的陈云治督察。"

"你找我什么事？"

"路明是你哥哥吗？"

她微颤点头。

"我们找到了他的骸骨。"

她忍不住悚然战栗，泪水盈眶。

"你说什么？我不明白。"她的声音发抖。

对方拿出一本记事簿来，翻到其中一页：

"你哥哥二十年前失踪的时候，你报了警？"

她点点头。

对方继续说下去：

"警方一直找不到他，只知道他失踪前跟一群童党来往密切。童党的首领十八年前因为杀害另外两个人被捕。他在狱中一直否认杀人。最近，他信了教，诚心悔改，不但承认他杀死两个人，更供出他二十年前杀了另一个人，那个人就是你哥哥路明。他们本来打算绑架一个富商的小儿子，路明不肯。他怕他揭发他们，把他杀了，埋在一个山头。我们最近把骸骨挖了出来。"

她全身簌簌发抖。

"不可能，那不是我哥哥。"

"我们对比过遗传基因，你哥哥的遗传基因跟骸骨的遗传基因非常吻合。"

她摇着头，嘴唇在哆嗦：

"不可能……我哥哥不是坏人……"

那个警探从怀中掏出一条已经氧化了的银链子，链子的末端附着一个天蝎座的坠子。

"你认不认得这条链子，是不是你哥哥的？我们是在那堆骸骨里找到的。"

她伸出抖颤的手接过那条已经变色的银链子，看了看，一口咬定说：

"我没见过。"

那人同情地看了她一眼，说：

"路小姐，什么时候你方便来警局一趟？"

"我哥哥没死！你弄错了！"她把门从里面关上，挨在门背上，紧紧抓住那个天蝎座的坠子，指甲掐陷入掌心。

这个坠子是她亲手做给哥哥的。

她的一颗心曾经抵挡过现实生活中最无情的打击，却受不了往事的折磨。

　　这是她一生中最辛酸的部分，夹杂着悔恨和罪疚。

　　哥哥是她害的。她永远不会原谅自己，是她一再用眼泪和谎言来逼哥哥的，结果把他一步一步逼上了黄泉路。

　　那个凄苦的星期三，哥哥来看她，她又一次挂着满脸泪痕催逼哥哥：

　　"你快点接我走吧！那个人真的会送我回孤儿院去！我听到她打电话给院长，我宁愿死也不回去！我苦死了！那个人还打我！"

　　哥哥用手指帮她擦着眼泪说：

　　"我就是来告诉你，哥哥很快会有钱接你走，我们以后一起生活！谁也不离开谁。"

　　"真的？"她抽着鼻子哭泣。

　　哥哥下楼去的时候，她走出阳台看他。

　　哥哥以前都是一个人搭车回去的。然而，那天，她看到一部黑色小汽车在下面等他。三个叼着烟的小混混，站在车边大声说着粗话聊天。

　　哥哥上了那辆车。

　　那天之后，他再也没有回来了。

　　十八年前，她在报纸上看到一宗童党杀人的新闻，她认得那个被捕的首领就是那天其中的一个人。两个死者的照片登了出来，不是哥哥。

　　哥哥要不是已经遭遇不测，决不会丢下她。可是，她不相信命运，她一直想念他，深信他会回来。

　　那天，是她最后一次见到哥哥。

　　她拨开阳台的栏杆上一束遮住她视线的紫色藤蔓，跟哥哥挥手。

哥哥穿着一件蓝夹克，转头看上来，微笑挥手叫她回去。

她多么想念那天挥别的阳台。这是她一生中最悲伤的往事。

要是时光可以重来，她会叫哥哥别上车。

她换好衣服，穿回长靴，把那条银链子放到身上米色风衣的口袋里。

她打开门，从化妆间出来。

那个警探已经走了。

她蹒跚地穿过后台昏暗的长廊，朝后门晃去。

借着死亡，

我们直抵天上星辰。

她推开那扇沉甸甸的后门，抬头看到无云的夜空上亮着几颗晚星。

哥哥在星星里，这是她生命永恒的主题。她又快乐了起来。

她看过去，看到对街那个穿蓝夹克的身影。

他一直在等她。

她走在柏油路面的边边上，走在回去的路上。

林克朝她走了过来。他不是走在她百米之遥，而是走在她的身边。

两个人默默而幸福地走着。

她对他说：

"要是你明天来这儿，就见不到我了。"

他讶然问她：

"你要去哪里？"

"我明天要结婚了！"

他脸上的表情凝住了，酸楚地问：

"你跟谁结婚？"

"我跟会跟我结婚的那个人结婚啊！"她离开他身边，悠悠地走在前方。

走了几步，她脸朝他转过来，倒退着走，那双黑亮脆弱的大眼睛望着他，轻柔地问：

"你知道这个人在什么地方吗？"

【完】

图书在版编目（CIP）数据

我终究是爱你的 / 张小娴著. -- 长沙：湖南文艺出版社，2014.10

ISBN 978-7-5404-6883-5

Ⅰ.①我… Ⅱ.①张… Ⅲ.①长篇小说—中国—当代 Ⅳ.①I247.5

中国版本图书馆CIP数据核字（2014）第211563号

本书经青河文化事业出版有限公司授权出版中国大陆中文简体字版本，非经书面
同意，不得以任何形式任意复制、转载。本书仅限中国大陆地区发行。

ⓒ中南博集天卷文化传媒有限公司。本书版权受法律保护。未经权利人许可，任何人不得以
任何方式使用本书包括正文、插图、封面、版式等任何部分内容，违者将受到法律制裁。

上架建议：文学 | 小说

我终究是爱你的

作　　者：张小娴
插　　画：[越南] Tamypu
出 版 人：刘清华
责任编辑：薛　健　刘诗哲
监　　制：刘　丹
策划编辑：张小雨
特约编辑：田　宇　王　蕾
营销编辑：刘碧思　李　颖
装帧设计：利　锐
插画版权支持：文赛峰
出版发行：湖南文艺出版社
　　　　　（长沙市雨花区东二环一段508号 邮编：410014）
网　　址：www.hnwy.net
印　　刷：北京盛通印刷股份有限公司
经　　销：新华书店
开　　本：880mm×1270mm　1/32
字　　数：145千字
印　　张：7
版　　次：2014年10月第1版
印　　次：2014年10月第1次印刷
书　　号：ISBN 978-7-5404-6883-5
定　　价：32.00元

（若有质量问题，请致电质量监督电话：010-84409925）